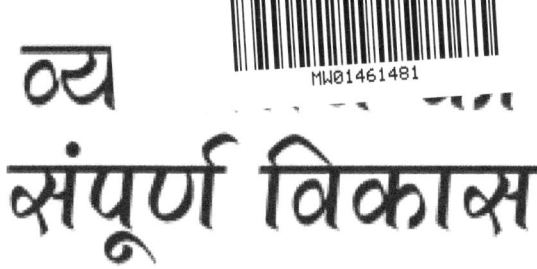

व्य

संपूर्ण विकास

व्यक्तित्व निर्माण के अनमोल सूत्र

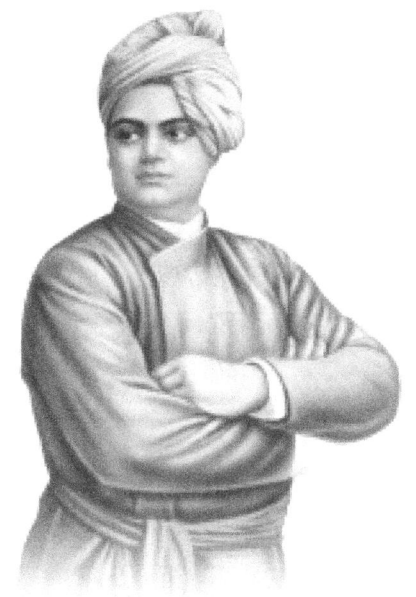

•

स्वामी विवेकानंद

दुर्लभ ई साहित्य कार्नर

© सर्वाधिकार प्रकाशकाधीन

> भारतीय कॉपीराइट एक्ट के अंतर्गत प्रस्तुत पुस्तक की सामग्री का अधिकार 'दुर्लभ ई-साहित्य कार्नर' के पास सुरक्षित है।

स्वामी विवेकानंद

स्वामी विवेकानंद का जन्म 12 जनवरी 1863 को कलकत्ता में एक कायस्थ परिवार में हुआ था। उनके बचपन का नाम नरेन्द्रनाथ दत्त था। पिता विश्वनाथ दत्त कलकत्ता उच्च न्यायालय के विख्यात वकील थे। माता भुवनेश्वरी देवी अत्यंत सरल एवं धार्मिक विचारों की महिला थी।

नरेन्द्र की बुद्धि बचपन से ही विलक्षण थी। मां से रामायण महाभारत की कहानी सुनना नरेन्द्र को बहुत अच्छा लगता था। पाश्चात्य सभ्यता में विश्वास रखने वाले पिता विश्वनाथ दत्त उन्हें अंग्रेजी शिक्षा देकर पाश्चात्य सभ्यता में रंगना चाहते थे, किन्तु ईश्वर ने तो बालक को खास प्रयोजन के लिए अवतरित किया था।

परिवार के धार्मिक एवं आध्यात्मिक वातावरण के कारण बालक के मन में बचपन से ही धर्म एवं अध्यात्म के संस्कार गहरे होते गए। माता-पिता के संस्कारों के कारण बालक के मन में बचपन से ही ईश्वर को जानने और प्राप्त करने की लालसा होने लगी थी।

स्वामी रामकृष्ण परमहंस की असीम कृपा से उन्हें आत्म साक्षात्कार हुआ। 25 वर्ष की उम्र में नरेन्द्र गेरुआ वस्त्र धारण कर विश्व भ्रमण को निकल पड़े। 1893 में आयोजित विश्व धर्म महासभा में भारत की ओर से सनातन धर्म का प्रतिनिधित्व करते हुए अपने 20 मिनट के व्याख्यान से वहां मौजूद हजारों लोगों को मंत्र मुग्ध कर दिए। व्याख्यान से प्रभावित होकर वहां मौजूद अनेकों

लोग उनके शिष्य बन गए। हालत ऐसा बन गया कि जब सभा में शोर होता तो उन्हें स्वामी जी का भाषण सुनने का आश्वासन देकर शांत करवाया जाता था। अपने भाषण से स्वामी जी ने यह सिद्ध कर दिया कि हिन्दू धर्म में सभी धर्मों को समाहित करने की क्षमता है।

स्वामी जी के सारगर्भित व्याख्यानों की प्रसिद्धि आज विश्व भर में है। अपने जीवन के अंतिम क्षण में उन्होंने शुक्ल यजुर्वेद की व्याख्या की और कहा-"एक और विवेकानंद चाहिए, यह समझने के लिए कि इस विवेकानंद ने अब तक क्या किया है।"

4 जुलाई 1902 को ध्यानावस्था में ही स्वामी जी का अलौकिक शरीर परमात्मा में विलीन हो गया। बेलूर में गंगा किनारे चंदन की चिता पर उनकी अंत्येष्टि की गई। अनुयायियों ने उनकी स्मृति में वहां एक मंदिर बनवाया और पूरे विश्व में स्वामी जी एवं उनके गुरु स्वामी रामकृष्ण परमहंस के संदेशों के प्रचार-प्रसार के लिए 130 से अधिक केन्द्रों की स्थापना की।

स्वामी जी का आदर्श-"मानव सेवा ही ईश्वर की सेवा है।"

❏ ❏

अनुक्रम

- व्यक्तित्व का ही महत्व है 7
- व्यक्तित्व-विकास के नियम 9
- व्यक्तित्व के विभिन्न स्तर 12
- मानव की दिव्यता 14
- जीवन का लक्ष्य सुख नहीं है 15
- चरित्र में बदलाव कैसे लाएं? 16
- अपनी नकारात्मक भावनाओं को संयमित करो 22
- पहले स्वयं को बदलो 24
- पूरी जिम्मेदारी अपने कन्धों पर लो 26
- कर्म कैसे करें? 28
- स्वामी के समान कर्म करो 33
- इस संसार की भलाई 35
- नि:स्वार्थता ही सफलता लाएगी 38
- प्रेम ही लाभकारी है 39
- दुर्बलता ही मृत्यु है 42
- साहसी बनो 45
- वीरता 46
- स्वयं पर विश्वास 48
- अनुकरण बुरा है 49
- नैतिकता क्या है? 50
- आदर्श को पकड़े रहो 52
- एकाग्रता की शक्ति 55
- समत्व भाव का विकास करो 58
- मुक्त बनो 59
- बढ़े चलो 62

5

व्यक्तित्व का संपूर्ण विकास

हम ऐसा मनुष्य देखना चाहते हैं, जिसका विकास समन्वित रूप से हुआ हो—हृदय से विशाल, मन से उच्च और कर्म में महान्।...हम ऐसा मनुष्य चाहते हैं, जिसका हृदय संसार के दु:ख-दर्दों को गम्भीरता से अनुभव करे।...और हम ऐसा मनुष्य (चाहते हैं) जो न केवल अनुभव कर सकता हो, वरन् वस्तुओं के अर्थ का भी पता लगा सके, जो प्रकृति और बुद्धि के हृदय की गहराई में पहुंचता हो। हम ऐसा मनुष्य (चाहते हैं), जो यहां भी न रुके, (वरन्) जो (भाव और वास्तविक कार्यों के द्वारा अर्थ का) पता लगाना चाहे। हम मस्तिष्क, हृदय और हाथों का ऐसा ही सम्मिलन चाहते हैं।

व्यक्तित्व का ही महत्व है

हमारे आसपास की दुनिया में क्या हो रहा है, यह तो तुम देख ही रहे हो। अपना प्रभाव डालना, यही दुनिया है। हमारी शक्ति का कुछ अंश तो हमारे शरीर-धारण के उपयोग में आता है और बाकी हर कण दिन-रात दूसरों पर अपना प्रभाव डालने में व्यय होता रहता है। हमारा शरीर, हमारे गुण, हमारी बुद्धि तथा हमारा आत्मिक बल, ये सब लगातार दूसरों पर प्रभाव डालते आ रहे हैं। इसी प्रकार, इसके उल्टे, दूसरों का प्रभाव भी हम पर पड़ता चला आ रहा है। हमारे आसपास यही चल रहा है। एक स्थूल दृष्टान्त लो। एक मनुष्य तुम्हारे पास आता है, वह खूब-पढ़ा लिखा है, उसकी भाषा भी सुन्दर है, वह तुमसे एक घण्टा बात करता है, लेकिन अपना असर नहीं छोड़ पाता। दूसरा व्यक्ति आता है और इने-गिने शब्द बोलता है।

शायद वे व्याकरण-सम्मत तथा व्यवस्थित भी नहीं होते, तथापि वह खूब असर कर जाता है। ऐसा तुममें से बहुतों ने अनुभव किया होगा। इससे स्पष्ट है कि मनुष्य पर जो प्रभाव पड़ता है, वह केवल शब्दों द्वारा ही नहीं होता। न केवल शब्द, अपितु विचार भी, शायद प्रभाव का एक-तिहाई अंश ही उत्पन्न करते होंगे, परन्तु शेष दो-तृतीयांश प्रभाव तो व्यक्तित्व का ही होता है। जिसे तुम वैयक्तिक चुम्बकत्व कहते हो, वही प्रकट होकर तुमको प्रभावित कर देता है।

हम लोगों के कुटुम्बों में मुखिया होते हैं। इनमें से कोई अपना घर चलाने में सफल होते हैं, और कोई नहीं। ऐसा क्यों है? जब हमें असफलता मिलती है, तो हम दूसरों को कोसते हैं। ज्योंही मुझे असफलता मिलती है, त्योंही मैं कह उठता हूं, कि अमुक-अमुक मेरी असफलता के कारण हैं। असफलता आने पर मनुष्य अपनी दुर्बलता तथा दोष को स्वीकार नहीं करना चाहता। प्रत्येक मनुष्य यह दिखलाने की कोशिश करता है कि वह निर्दोष है और सारा दोष वह किसी दूसरे व्यक्ति पर, किसी वस्तु पर, और अन्तत: भाग्य पर मढ़ना चाहता है। जब घर का मुखिया असफल हो, तो उसे स्वयं से पूछना चाहिये कि कुछ लोग अपना घर कैसे इतनी अच्छी तरह से चला सकते हैं अन्य दूसरे क्यों नहीं चला पाते। तब तुम्हें पता चलेगा कि यह अन्तर मनुष्य के ही कारण है—उसकी उपस्थिति और उसके व्यक्तित्व के कारण है।

यदि मानव-जाति के बड़े-बड़े नेताओं की बात की जाए, तो हमें सदा यही दिखाई देगा कि उनका व्यक्तित्व ही उनके प्रभाव का कारण था। अब प्राचीन काल के महान् लेखकों व विचारकों को लो। सच पूछो, तो उन्होंने हमारे सम्मुख कितने असल और सच्चे विचार रखे हैं? अतीतकालीन लोकनायकों की जो रचनाएं तथा पुस्तकें आज हमें उपलब्ध हैं, उनमें से प्रत्येक का मूल्यांकन करो। केवल मुट्ठी भर ही असल, नये तथा स्वतंत्र विचार अभी तक इस संसार में सोचे गये हैं। उन लोगों ने जो विचार हमारे लिये छोड़े हैं, उनको

उन्हीं की पुस्तकों में पढ़ो, तो वे हमें कोई दिग्गज नहीं प्रतीत होते, तथापि हम जानते हैं कि अपने समय में वे दिग्गज व्यक्ति थे। इसका कारण क्या है? वे जो बहुत बड़े प्रतीत होते थे, वह मात्र उनके सोचे हुऐ विचारों या उनकी लिखी हुई पुस्तकों के कारण नहीं था, और न उनके दिये हुए भाषणों के कारण ही था, वरन किसी एक दूसरी ही बात के कारण, जो अब निकल गयी है, और वह है—उनका व्यक्तित्व। जैसा मैं पहले कह चुका हूं, दो-तिहाई अंश व्यक्तित्व होता है और बाकी एक-तिहाई अंश होता है, मनुष्य की बुद्धि और उसके कहे हुए शब्द। सच्चा मनुष्य या उसका व्यक्तित्व ही वह वस्तु है, जो हम पर प्रभाव डालती है। कर्म तो हमारे व्यक्तित्व की बाह्य अभिव्यक्ति मात्र हैं। व्यक्ति होने पर कर्म तो होंगे ही, कारण के रहते हुये कार्य का आविर्भाव अवश्यम्भावी है।

सारी शिक्षा, समस्त प्रशिक्षण का एकमेव उद्‌देश्य मनुष्य का निर्माण होना चाहिये। पर हम यह न करके केवल बहिरंग पर ही पानी चढ़ाने का प्रयत्न किया करते हैं। जहां व्यक्तित्व का ही अभाव है, वहाँ सिर्फ बहिरंग पर पानी चढ़ाने का प्रयत्न करने से क्या लाभ? सारी शिक्षा का ध्येय है—मनुष्य का विकास। वह मनुष्य, जो अपना प्रभाव सब पर डालता है, जो अपने संगियों पर जादू-सा कर देता है, शक्ति का एक महान् केन्द्र है और जब वह मनुष्य तैयार हो जाता है, वह जो चाहे कर सकता है। यह व्यक्तित्व जिस वस्तु पर अपना प्रभाव डालता है, उसी को कार्यशील बना देता है।

व्यक्तित्व-विकास के नियम

योगशास्त्र यह दावा करता है कि उसने उन नियमों को ढूंढ़ निकाला है, जिनके द्वारा इस व्यक्तित्व का विकास किया जा सकता है। इन नियमों तथा उपायों की ओर ठीक से ध्यान देने पर मनुष्य अपने व्यक्तित्व का विकास कर सकता है और उसे शक्तिशाली बना सकता है। महत्वपूर्ण व्यवहारोपयोगी बातों में यह भी एक है और यही समस्त शिक्षा का रहस्य है। इसकी उपयोगिता सार्वदेशीय है।

चाहे वह गृहस्थ हो, चाहे गरीब, अमीर, व्यापारी या धार्मिक, सभी के जीवन में व्यक्तित्व को शक्तिशाली बनाना ही एक महत्व की बात है। ऐसे अनेक सूक्ष्म नियम हैं, जो इन भौतिक नियमों के परे हैं, ऐसा हम जानते हैं। मतलब यह कि भौतिक जगत, मानसिक जगत् या आध्यात्मिक जगत, इस तरह की कोई नितान्त स्वतंत्र सताएं नहीं हैं। जो कुछ है, सब एक तत्व है। या हम यों कहेंगे कि यह सब एक शुंडाकार वस्तु है, जो यहां नीचे की ओर मोटी या स्थूल है और जैसे-जैसे यह ऊंची चढ़ती है, वैसे-वैसे ही वह पतली या सूक्ष्म होती जाती है, सूक्ष्मतम को हम आत्मा कहते हैं और स्थूलतम को शरीर। जो पिण्ड (अणु) में है, वही ब्रह्माण्ड में है। यह हमारा विश्व ठीक इसी तरह का है। बहिरंग में स्थूल घनत्व है और जैसे-जैसे यह ऊंचा चढ़ता जाता है, वैसे-वैसे वह सूक्ष्मतर होता जाता है और अन्त में परमेश्वर रूप बन जाता है।

हम यह भी जानते हैं कि सबसे अधिक शक्ति सूक्ष्म में है, स्थूल में नहीं। एक मनुष्य भारी वजन उठाता है। उसकी पेशियां फूल उठती हैं और सम्पूर्ण शरीर पर परिश्रम के चिह्न दिखने लगते हैं। हम समझते हैं कि पेशियां बहुत शक्तिशाली वस्तु हैं। परंतु असल में जो पेशियों को शक्ति देती हैं, वे तो धागे के समान पतली-पतली नाड़ियां (nerves) हैं। जिस क्षण इन तन्तुओं में से एक का भी सम्बन्ध पेशियों से टूट जाता है, उसी क्षण ये पेशियां बेकार हो जाती हैं। ये छोटी-छोटी नाड़ियां किसी अन्य सूक्ष्मतर वस्तु से अपनी शक्ति ग्रहण करती हैं और वह सूक्ष्मतर वस्तु फिर अपने से भी अधिक सूक्ष्म विचारों से शक्ति ग्रहण करती है। इसी तरह यह क्रम चलता रहता है। इसलिए वह सूक्ष्म तत्व ही है, जो शक्ति का अधिष्ठान है। स्थूल में होनेवाली गति हम अवश्य देख सकते हैं, परन्तु सूक्ष्म में होनेवाली गति हम देख नहीं सकते। जब स्थूल वस्तुएं गति करती हैं, तो हमें उनका बोध होता है और इसलिए हम स्वाभाविक ही गति का सम्बन्ध स्थूल से जोड़ देते हैं, वास्तव में सारी शक्ति सूक्ष्म में ही है।

सूक्ष्म में होने वाली गति हम देख नहीं सकते। शायद इसका कारण यह है कि वह गति इतनी गहरी होती है कि हम उसका अनुभव ही नहीं कर सकते। पर यदि कोई शास्त्र या कोई शोध इन सूक्ष्म शक्तियों के ग्रहण करने में सहायता दे, तो इन शक्तियों का परिणाम रूप यह व्यक्त करेगा कि विश्व ही हमारे अधीन हो जाएगा। पानी का एक बुलबूला झील के तल से निकलता है, वह ऊपर आता है, परन्तु जब तक कि वह सतह पर आकर फूट नहीं जाता, तब तक हम उसे देख नहीं सकते। इसी तरह विचार अधिक विकसित होने पर या कार्य में परिणत हो जाने पर ही देखे जा सकते हैं। हम सदा यही कहा करते हैं कि हमारे कर्मों और विचारों पर हमारा अधिकार नहीं है। यह अधिकार हम कैसे प्राप्त कर सकते हैं ? यदि हम सूक्ष्म गतियों पर नियंत्रण कर सकें, तो विचार बनने एवं उसके कार्यरूप में परिणत होने के पूर्व ही यदि उसको मूल में ही अपने अधीन कर सकें, तो इस सबको नियंत्रित कर सकना हमारे लिए सम्भव होगा। अब, यदि ऐसा कोई उपाय हो, जिसके द्वारा हम इन सूक्ष्म कारणों और इन सूक्ष्म शक्तियों का विश्लेषण कर सकें, उन्हें समझ सकें और अन्त में अपने अधीन कर सके, तभी हम स्वयं अपना शासन चला सकेंगे। और जिस मनुष्य का मन उसके अधीन होगा, वह निश्चय ही दूसरों के मनों को भी अपने अधीन कर सकेगा। इसी कारण पवित्रता तथा नैतिकता सदा धर्म के विषय रहे हैं। पवित्र, सदाचारी मनुष्य स्वयं पर नियंत्रण रखता है। और सारे मन एक ही हैं, समष्टि-मन के अंश मात्र हैं। जिसे एक ढेले का ज्ञान हो गया, उसने दुनिया की सारी मिट्टी जान ली। जो अपने मन को जानता है और स्व-अधीन रख सकता है, वह हर मन का रहस्य जानता और हर मन पर अधिकार रखता है।

यदि हम इन सूक्ष्म अंशों को नियंत्रित कर सकें, तो अपने अधिकांश शारीरिक कष्टों को दूर कर सकते हैं, यदि हम सूक्ष्म हलचलों को वश में कर सकें, तो हम अपनी उलझनों को दूर कर सकते हैं, यदि हम इन सूक्ष्म शक्तियों को अपने अधीन कर लें, तो अनेक असफलतायें टाली जा सकती हैं।

व्यक्तित्व के विभिन्न स्तर

मनुष्य का यह स्थूल रूप, यह शरीर, जिसमें बाह्य साधन हैं, संस्कृत में 'स्थूल शरीर' कहा गया है। इसके पीछे इन्द्रियों से प्रारम्भ होकर मन, बुद्धि तथा अहंकार का सिलसिला है। ये तथा प्राण मिलकर जो यौगिक घटक बनाते हैं, उसे सूक्ष्म शरीर कहते हैं। ये शक्तियां अत्यंत सूक्ष्म तत्त्वों से निर्मित हैं, इतने सूक्ष्म कि शरीर पर लगनेवाला बड़ा-से-बड़ा आघात भी उन्हें नष्ट नहीं कर सकता। शरीर के ऊपर पड़नेवाली किसी भी चोट के बाद वे जीवित रहते हैं। हम देखते हैं कि स्थूल शरीर तत्वों से बना हुआ है और इसीलिए वह हमेशा नूतन होता और निरन्तर परिवर्तित होता रहता है। किन्तु मन, बुद्धि और अहंकार आदि आभ्यन्तर इन्द्रिय सूक्ष्मतम तत्वों से निर्मित है, इतने सूक्ष्म कि वे युग-युग तक चलते रहते हैं। वे इतने सूक्ष्म हैं कि कोई भी वस्तु उनका प्रतिरोध नहीं कर सकती, वे किसी भी अवरोध को पार कर सकते है। स्थूल शरीर अचेतन है और सूक्ष्म शरीर ही अचेतन है लेकिन सूक्ष्मतर पदार्थ से बना होने के कारण सूक्ष्म ही है। यद्यपि एक भाग मन, दूसरा बुद्धि तथा तीसरा अहंकार कहा जाता है, पर एक ही दृष्टि में हमें विदित हो जाता है कि इनमें से किसी को भी 'ज्ञाता' नहीं कहा जा सकता। इनमें से कोई भी प्रत्यक्षकर्ता, साक्षी, कार्य का भोक्ता या क्रिया का द्रष्टा नहीं है। मन की ये समस्त गतियां बुद्धि-तत्व अथवा अहंकार अवश्य ही किसी दूसरे के लिए हैं। सूक्ष्म भौतिक द्रव्य से निर्मित होने के कारण ये स्वयं प्रकाशक नहीं हो सकतीं। उनका प्रकाशक तत्त्व उन्हीं में अन्तर्निहित नहीं हो सकता। उदाहरणार्थ इस मेज की अभिव्यक्ति किसी भौतिक वस्तु के कारण नहीं हो सकती। अतः उन सबके पीछे कोई-न-कोई अवश्य है, जो वास्तविक प्रकाशक, वास्तविक दर्शक और वास्तविक भोक्ता है, जिसे संस्कृत में 'आत्मा' कहते हैं—मनुष्य की आत्मा, मनुष्य का वास्तविक 'स्व'।

देह का नाश तो प्रतिक्षण होता रहता है और मन तो सदा

बदलता रहता है। देह तो एक संघात है और उसी तरह मन भी। इसी कारण वे परिवर्तनशीलता के परे नहीं पहुंच सकते। परन्तु स्थूल जड़-तत्व के इस क्षणिक आवरण के परे और मन के भी सूक्ष्मतर आवरण के परे, मनुष्य का सच्चा स्वरूप—नित्यमुक्त, सनातन आत्मा अवस्थित है। उसी आत्मा की मुक्ति जड़ और चेतन के स्तरों में व्याप्त है और नाम-रूप द्वारा रंजित होते हुए भी सदा अपने अबाधित अस्तित्व को प्रमाणित करती है। उसी का अमरत्व, उसी का आनन्दस्वरूप, उसी की शान्ति और उसी का दिव्यत्व प्रकाशित हो रहा है और अज्ञान के मोटे-से-मोटे स्तरों के रहते हुए भी वह अपने अस्तित्व का अनुभव कराती रहती है। वही यथार्थ पुरुष है, जो निर्भय है, अमर है और मुक्त है।

अब मुक्ति तो तभी सम्भव है, जब कोई बाह्य शक्ति अपना प्रभाव न डाल सके, कोई परिवर्तन न कर सके। मुक्ति केवल उसी के लिए सम्भव है, जो सभी बन्धनों, सभी नियमों और कार्य-कारण की शृंखला से परे हो। कहने का तात्पर्य यह है कि एक अपरिवर्तनशील (पुरुष) ही मुक्त हो सकता है और अमर भी। यह पुरुष, यह आत्मा, मनुष्य का यह यथार्थ स्वरूप, मुक्त, अव्यय, अविनाशी, सभी बन्धनों से परे है और इसीलिए न तो जन्म लेता है, न मरता है।

प्रत्येक मानवीय व्यक्तित्व की तुलना कांच की चिमनी से की जा सकती है। प्रत्येक के अन्तराल में वही शुभ ज्योति है—दिव्य परमात्मा की आभा पर कांच के रंगों और उसकी मोटाई के अनुरूप उससे विकीर्ण होने वाली ज्योति की किरणें विभिन्न रूप ले लेती हैं। प्रत्येक केन्द्रीय ज्योति का सौन्दर्य और आभा समान है, प्रतिभासिक असमानता केवल व्यक्त करनेवाले भौतिक साधनों की अपूर्णता के कारण है। आध्यात्मिक राज्य में हमारा ज्यों-ज्यों उत्तरोत्तर विकास होता जाता है, त्यों-त्यों वह माध्यम भी अधिकांश पारभासक होता जाता है।

मानव की दिव्यता

'हे अमृत के पुत्रो!' कैसा मधुर और आशाजनक सम्बोधन है यह! बन्धुओ! इसी मधुर नाम—'अमृत के अधिकारी' से तुम्हें सम्बोधित करूं, तुम मुझे इसकी अनुमति दो। निश्चय ही हिन्दू तुम्हें पापी कहना अस्वीकार करता है। तुम तो ईश्वर की सन्तान हो, अमर आनन्द के भागी हो, पवित्र और पूर्ण आत्मा हो। तुम इस मर्त्यभूमि पर देवता हो। तुम भला पापी? मनुष्य को पापी कहना ही पाप है, वह मानव-स्वरूप पर घोर लांछन है। तुम उठो! हे सिंहो, आओ और इस मिथ्या भ्रम को झटककर दूर फेंक दो कि तुम भेड़ हो। तुम हो अमर आत्मा, मुक्त आत्मा, नित्य और आनन्दमय! तुम जड़ नहीं हो, तुम शरीर नहीं हो, जड़ तो तुम्हारा दास है, न कि तुम जड़ के दास हो।

यहां तक कि यह संसार, यह शरीर और मन अन्धविश्वास हैं। तुम हो कितने असीम आत्मा! और टिमटिमाते हुए तारों से छले जाना! यह लज्जास्पद दशा है। तुम दिव्य हो, टिमटिमाते हुए तारों का अस्तित्व तो तुम्हारे कारण है।

हर एक वस्तु जो सुन्दर, बलयुक्त तथा कल्याणकारी है और मानव प्रकृति में जो कुछ भी शक्तिशाली है, वह सब उसी दिव्यता से उद्भुत है। यह दिव्यता यद्यपि बहुतों में अव्यक्त रहती है, मूलत: मनुष्य मनुष्य में कोई भेद नहीं है, सभी समान रूप से दिव्य हैं। यह ऐसा ही है, जैसे पीछे एक अनन्त समुद्र है और उस अनन्त समुद्र में हम और तुम लोग इतनी सारी लहरें हैं और हममें से हर एक उस अनन्त को बाहर व्यक्त करने के निमित्त प्रयत्नशील है। अत: हममें से हर एक को वह सत, चित्त तथा आनन्द रूपी अनन्त समुद्र अव्यत्त रूप से, जन्मसिद्धि अधिकार के रूप में तथा स्वरूपत: प्राप्त है। उस दिव्यता की अभिव्यक्ति की न्यूनाधिक शक्ति से ही हम लोगों में विभिन्नता उत्पन्न होती है।

आत्मा की इस अनन्त शक्ति का प्रयोग जड़ वस्तु पर होने से भौतिक उन्नति होती है, विचार पर होने से बुद्धि का विकास होता है और स्वयं पर ही होने से मनुष्य ईश्वर बन जाता है।

अपने आभ्यन्तरिक ब्रह्मभाव को प्रकट करो और उसके चारों ओर सब कुछ समन्वित होकर विन्यस्त हो जोगा।

जीवन का लक्ष्य सुख नहीं है

मनुष्य का अन्तिम लक्ष्य सुख नहीं वरन ज्ञान है। सुख और आनन्द विनाशी हैं। अत: सुख को चरम लक्ष्य मान लेना भूल है, संसार में सब दु:खों का मूल यही है कि मनुष्य मूर्खतावश सुख को ही अपना आदर्श समझ लेता है। पर कुछ समय के बाद मनुष्य को यह बोध होता है कि जिसकी ओर वह जा रहा है, वह सुख नहीं, वरन् ज्ञान है तथा सुख और दु:ख दोनों ही महान् शिक्षक हैं और जितनी शिक्षा उसे भलाई से मिलती है, उतनी ही बुराई से भी।...चरित्र को एक विशिष्ट ढांचे में ढालने में भलाई और बुराई, दोनों का समान अंश रहता है, और कभी-कभी तो सुख से भी बड़ा शिक्षक हो जाता है दु:ख। यदि हम संसार के महापुरुषों के चरित्र का अध्ययन करें, तो मैं कह सकता हूं कि अधिकांश दृष्टान्तों में हम यही देखेंगे कि सुख की अपेक्षा दु:ख ने तथा सम्पत्ति की अपेक्षा दारिद्र्य ने ही उन्हें अधिक शिक्षा दी है एवं प्रशंसा की अपेक्षा आघातों ने ही उनके अन्त:स्थ अग्नि को अधिक प्रस्फुरित किया है।

इन्द्रिय-सुख मानव-जीवन का लक्ष्य नहीं है, ज्ञान ही जीवमात्र का लक्ष्य है। हम देखते हैं कि एक पशु जितना आनन्द अपने इन्द्रियों के माध्यम से पाता है, उससे अधिक आनन्द मनुष्य अपनी बुद्धि के माध्यम से अनुभव करता है। साथ ही हम यह भी देखते हैं कि मनुष्य आध्यात्मिक प्रकृति का बौद्धिक प्रकृति से भी अधिक आनन्द प्राप्त करते हैं। इसलिए मनुष्य का परम ज्ञान आध्यात्मिक ज्ञान ही माना जाता है। इस ज्ञान के होते ही परमानन्द की प्राप्ति होती है। संसार की सारी चीजें मिथ्या, छाया मात्र हैं, वे परम ज्ञान और आनन्द की तृतीय या चतुर्थ स्तर की अभिव्यक्तियां हैं।

केवल मूर्ख ही इन्द्रियों के पीछे दौड़ते हैं। इन्द्रियों में रहना सरल है, खाते-पीते और मौज उड़ाते हुए पुराने ढर्रे में चलते रहना

सरलतर है। किन्तु आजकल के दाशर्निक तुम्हें जो बतलाना चाहते हैं, वह यह है कि मौज उड़ाओ, किन्तु उस पर केवल धर्म की छाप लगा दो। इस प्रकार का सिद्धान्त बड़ा खतरनाक है। इन्द्रियों में ही मृत्यु है। आत्मा के स्तर पर का जीवन ही सच्चा जीवन है, अन्य सब स्तरों का जीवन मृत्यु-स्वरूप है। यह सम्पूर्ण जीवन एक व्यायामशाला है। यदि हम सच्चे जीवन का आनन्द लेना चाहते हैं, तो हमें इस जीवन के पार जाना होगा।

चरित्र में बदलाव कैसे लाएं?

हमारा प्रत्येक कार्य, हमारा प्रत्येक अंश-संचालन, हमारा प्रत्येक विचार हमारे चित्त पर एक प्रकार का संस्कार छोड़ जाता है, और यद्यपि ये संस्कार ऊपरी दृष्टि से स्पष्ट न हों, तथापि ये अवचेतन रूप से अन्दर-ही-अन्दर कार्य करने में पर्याप्त समर्थ होते हैं। हम प्रति मुहूर्त जो कुछ होते हैं, वह इन संस्कारों के समुदाय द्वारा ही निर्धारित होता है। मैं इस मुहूर्त जो कुछ हूं, वह मेरे अतीत जीवन के समस्त संस्कारों का प्रभाव है। यथार्थतः इसे ही 'चरित्र' कहते हैं और प्रत्येक मनुष्य का चरित्र इन संस्कारों की समष्टि द्वारा ही नियमित होता है। यदि भले संस्कारों का प्राबल्य रहे, तो मनुष्य का चरित्र अच्छा होता है और यदि बुरे संस्कारों का प्राबल्य हो, तो बुरा। यदि एक मनुष्य निरन्तर बुरे शब्द सुनता रहे, बुरे विचार सोचता रहे, बुरे कर्म करता रहे, तो उसका मन भी बुरे संस्कारों से पूर्ण हो जोगा और बिना उसके जाने ही वे संस्कार उसके समस्त विचारों तथा कार्यों पर अपना प्रभाव डालते रहेंगे। वास्तव में ये बुरे संस्कार निरन्तर अपना कार्य करते रहते हैं। अतः बुरे संस्कार-सम्पन्न होने के कारण उस व्यक्ति के कार्य भी बुरे होंगे—वह एक बुरा आदमी बन जाएगा, वह इससे बच नहीं सकता। इन संस्कारों की समष्टि उसमें दुष्कर्म करने की प्रबल प्रवृत्ति उत्पन्न कर देगी। वह इन संस्कारों के हाथ एक यंत्र-सा होकर रह जाएगा, वे उसे बलपूर्वक दुष्कर्म करने के लिए बाध्य करेंगे। इसी प्रकार यदि एक मनुष्य अच्छे विचार रखे और

सत्कार्य करे, तो उसके उन संस्कारों का प्रभाव भी अच्छा ही होगा तथा उसकी इच्छा न होते हुए भी वे उसे सत्कार्य करने के लिए प्रवृत करेंगे। जब मनुष्य इतने सत्कार्य एवं सच्चिन्तन कर चुकता है कि उसकी इच्छा न होते हुए भी उसमें सत्कार्य करने की एक अनिवार्य प्रवृत्ति उत्पन्न हो जाती है, तब फिर यदि वह दुष्कर्म करना भी चाहे, तो इन सब संस्कारों की समष्टि रूप से उसका मन उसे ऐसा करने से तुरंत रोक देगा, इतना ही नहीं, वरन् उसके ये संस्कार उसे मार्ग से लौटा देंगे, तब वह अपने भले संस्कारों के हाथ एक कठपुतली जैसा हो जाएगा। जब ऐसी स्थिति हो जाती है, तभी उस मनुष्य का चरित्र स्थिर कहलाता है।

यदि तुम सचमुच किसी मनुष्य के चरित्र को जांचना चाहते हो, तो उसके बड़े कार्यों पर से उसकी जांच मत करो। हर मूर्ख किसी विशेष अवसर पर बहादुर बन सकता है। मनुष्य के अत्यंत साधारण कार्यों की जांच करो और असल में वे ऐसी बातें हैं, जिनसे तुम्हें एक महान् पुरुष के वास्तविक चरित्र का पता लग सकता है। आकस्मिक अवसर तो छोटे-से-छोटे मनुष्य को भी किसी-न-किसी प्रकार का बड़प्पन दे देते हैं। परन्तु वास्तव में महान् तो वही है, जिसका चरित्र सदैव और सब अवस्थाओं में महान् तथा सम रहता है।

संसार में हम जो सब कार्य-कलाप देखते हैं, मानव-समाज में जो सब गति हो रही है, हमारे चारों ओर जो कुछ हो रहा है, वह सब मन की ही अभिव्यक्ति है—मनुष्य की इच्छा-शक्ति का ही प्रकाश है। कलें, यंत्र, नगर, जहाज, युद्धपोत आदि सभी मनुष्य की इच्छाशक्ति के विकास मात्र हैं। मनुष्य की यह इच्छाशक्ति चरित्र से उत्पन्न होती है और वह चरित्र कर्मों से गठित होता है। अत: जैसा कर्म होता है, इच्छाशक्ति की अभिव्यक्ति भी वैसी ही होती है। संसार में प्रबल इच्छाशक्ति-सम्पन्न जितने महापुरुष हुए हैं, वे सभी धुरन्धर कर्मी दिग्गज आत्मा थे। उनकी इच्छाशक्ति ऐसी जबरदस्त थी कि वे संसार को भी उलट-पुलट सकते थे। और यह शक्ति उन्हें युग-

युगान्तर तक निरन्तर कर्म करते रहने से प्राप्त हुई थी।

हम अभी जो कुछ हैं, वह सब अपने चिन्तन का ही फल है। इसलिए तुम क्या चिन्तन करते हो, इसका विशेष ध्यान रखो। शब्द तो गौण वस्तु है। चिन्तन ही बहु-काल-स्थायी है और उसकी गति भी बहु-दूर-व्यापी है। हम जो कुछ चिन्तन करते हैं, उसमें हमारे चरित्र की छाप लग जाती है, इस कारण साधु-पुरुषों की हंसी या गाली में भी उनके हृदय का प्रेम तथा पवित्रता रहती है और उससे हमारा मंगल ही होता है।

बड़े काम में बहुत समय तक लगातार और महान् प्रयत्न की आवश्यकता होती है। यदि थोड़े-से व्यक्ति असफल भी हो जाएं, तो भी उसकी चिन्ता हमें नहीं करनी चाहिए। संसार का यह नियम ही है कि अनके लोग नीचे गिरते हैं, कितने ही दु:ख आते हैं, कितनी ही भयंकर कठिनाइयां सामने उपस्थित होती हैं, स्वार्थपरता तथा अन्य बुराइयों का मानव-हृदय में घोर संघर्ष होता है और तभी आध्यात्मिकता की अग्नि से इन सभी का विनाश होने वाला होता है। इस जगत् में भलाई का मार्ग सबसे दुर्गम तथा पथरीला है। आश्चर्य की बात है कि इतने लोग सफलता प्राप्त करते हैं, कितने लोग असफल होते हैं, इसमें आश्चर्य नहीं। हजारों ठोकरें खाने के बाद चरित्र का गठन होता है।

इस वैराग्य को प्राप्त करने के लिए यह विशेष रूप से आवश्यक है कि मन निर्मल, सत और विवेकशील हो। अभ्यास करने की आवश्यकता क्या है? प्रत्येक कार्य से मानो चित्तरूपी सरोवर के ऊपर एक तरंग खेल जाती है। यह कम्पन कुछ समय बाद नष्ट हो जाता है। फिर क्या शेष रहता है? केवल संस्कार-समूह। मन में ऐसे बहुत-से संस्कार पड़ने पर वे इकट्ठे होकर आदत के रूप में परिणत हो जाते हैं। ऐसा कहा जाता है कि 'आदत ही द्वितीय स्वभाव है।' केवल द्वितीय स्वभाव ही नहीं, वरन वह 'प्रथम' स्वभाव भी है— मनुष्य का समस्त स्वभाव इस आदत पर निर्भर रहता है। हमारा अभी

जो स्वभाव है, वह पूर्व अभ्यास का फल है। यह जान सकने से कि सब कुछ अभ्यास का ही फल है, मन में शान्ति मिलती है, क्योंकि यदि हमारा वर्तमान स्वभाव केवल अभ्यासवश हुआ हो, तो हम चाहें तो किसी भी समय उसे नष्ट भी कर सकते हैं। हमारे मन में जो विचार-धाराएं बह जाती हैं, उनमें से प्रत्येक अपना एक चिह्न या संस्कार छोड़ जाती है। हमारा चरित्र इन सब संस्कारों की समष्टि-स्वरूप है। जब कोई विशेष वृत्ति-प्रवाह प्रबल होता है, तब मनुष्य उसी प्रकार का हो जाता है। जब सद्गुण प्रबल होता है, तब मनुष्य सत् हो जाता है। यदि बुरा भाव प्रबल हो, तो मनुष्य बुरा हो जाता है। यदि आनन्द का भाव प्रबल हो, तो मनुष्य सुखी होता है। बुरे अभ्यास का एकमात्र प्रतिकार है, उसका विपरीत अभ्यास। हमारे चित्त में जितने बुरे अभ्यास संस्कारबद्ध हो गये हैं, उन्हें अच्छे अभ्यास द्वारा नष्ट करना होगा। केवल सत् कार्य करते रहो, सर्वदा पवित्र चिन्तन करो, बुरे संस्कारों को रोकने का बस यही एक उपाय है। ऐसा कभी मत कहो कि अमुक के उद्धार की कोई आशा नहीं है। क्यों? इसलिए कि वह व्यक्ति केवल एक विशिष्ट प्रकार के चरित्र का, कुछ अभ्यासों की समष्टि का द्योतक मात्र है और ये अभ्यास नये और सत् अभ्यास से दूर किये जा सकते हैं। चरित्र बस, बारम्बार अभ्यास की समष्टि मात्र है और इस प्रकार का पुन:-पुन: अभ्यास ही चरित्र का सुधार कर सकता है।

संसार का त्याग करो। इस समय हम लोग मानो कुत्तों के समान हैं—रसोईघर में घुस गये हैं। मांस का एक टुकड़ा खा रहे हैं और भय के मारे इधर-उधर देख भी रहे हैं कि कोई पीछे से आकर मारना न शुरू कर दे। वैसा न होकर राजा के समान बनो—समझ रखो, समग्र जगत् तुम्हारा है। ऐसा तब तक नहीं होता, जब तक तुम संसार का त्याग नहीं कर देते और यह तुम्हें बांध नहीं पाता। यदि बाहर से त्याग नहीं कर पाते हो, तो मन-ही-मन सब त्याग दो। अपने अन्तर-हृदय से सब त्याग दो। वैराग्य-युक्त हो जाओ। यही यथार्थ आत्मत्याग है

और इसके बिना धर्मलाभ असम्भव है। किसी प्रकार की इच्छा मत करो, क्योंकि जो इच्छा करोगे, वही पाओगे। और वही तुम्हारे भयानक बन्धन का कारण होगी।

जिस प्रकार हमारा प्रत्येक कार्य प्रतिक्रिया के रूप में हमारे पास वापस आ जाता है, उसी प्रकार हमारे कार्य दूसरे व्यक्तियों पर तथा उनके कार्य हमारे ऊपर अपना प्रभाव डाल सकते हैं। शायद तुम सबने एक तथ्य के रूप में ऐसा देखा होगा कि जब मनुष्य कोई बुरे कार्य करता है, तो क्रमशः वह अधिकाधिक बुरा बनता जाता है, और इसी प्रकार जब वह अच्छे कार्य करने लगता है, तो दिनों-दिन सबल होता जाता है और उसकी प्रवृत्ति सदैव सत्कार्य करने की ओर झुकती जाती है। कर्म के प्रभाव के तीव्र हो जाने की व्याख्या केवल एक ही प्रकार से हो सकती है, और वह यह कि हम एक-दूसरे के मन पर क्रिया-प्रतिक्रिया कर सकते हैं। इसे स्पष्ट करने के लिए हम भौतिक विज्ञान से एक दृष्टांत ले सकते हैं, जब मैं कोई कार्य करता हूं, तो कहा जा सकता है कि मेरा मन एक विशिष्ट प्रकार की कम्पनावस्था में होता है, उस समय अन्य जितने मन उस प्रकार की अवस्था में होंगे, उनकी प्रवृत्ति यह होगी कि वे मेरे मन से प्रभावित हो जाएं। यदि एक कमरे में भिन्न-भिन्न वाद्य-यन्त्र एक सुर में बांध दिये जाएं, तो तुम सबने देखा होगा कि एक को छेड़ने से अन्य सभी की प्रवृत्ति उसी प्रकार का सुर निकालने की होने लगती है। इसी प्रकार जो-जो मन एक सुर में बंधे हैं, उन सबके ऊपर एक विशेष विचार का समान प्रभाव पड़ेगा। हां, यह सत्य है कि विचार का मन पर यह प्रभाव दूरी अथवा अन्य कारणों से न्यूनाधिक अवश्य हो जाएगा, परन्तु मन पर प्रभाव होने की सम्भावना सदैव बनी रहेगी। मान लो, मैं एक बुरा कार्य कर रहा हूं। उस समय मेरे मन में एक विशेष प्रकार का कम्पन होगा और संसार के अन्य सब मन, जो उसी प्रकार की स्थिति में हैं, सम्भवतः मेरे मन के कम्पन से प्रभावित हो जाएंगे। इसी प्रकार, जब मैं कोई अच्छा कार्य करता हूं, तो मेरे मन में एक-दूसरे प्रकार का

कम्पन होता है और उस प्रकार के कम्पनशील सारे मन पर मेरे मन के प्रभाव पड़ने की सम्भावना रहती है। एक मन का दूसरे मन पर यह प्रभाव तनाव की न्यूनाधिक शक्ति के अनुसार कम या अधिक हुआ करता है।

इस उपमा को यदि हम कुछ और आगे ले जाएं, तो कह सकते हैं कि जिस प्रकार कभी-कभी आलोक-तरंगों को किसी गन्तव्य वस्तु तक पहुंचाने में लाखों वर्ष लग जाते हैं, उसी प्रकार विचार-तरंगों को भी किसी ऐसे पदार्थ तक पहुंचने में, जिसके साथ वे तदाकार होकर स्पन्दित हो सकें, कभी-कभी सैकड़ों वर्ष तक लग सकते हैं। अतएव यह नितान्त सम्भव है कि हमारा यह वायुमण्डल अच्छी और बुरी, दोनों प्रकार की विचार-तरंगों से व्याप्त हो। प्रत्येक मस्तिष्क से निकला हुआ प्रत्येक विचार योग्य आधार प्राप्त हो जाने तक मानो इसी प्रकार भ्रमण करता रहता है। और जो मन इस प्रकार के आवेगों को ग्रहण करने के लिये अपने को उन्मुक्त किए हुए है, वह तुरन्त ही उन्हें अपना लेगा। अतएव जब कोई मनुष्य कोई दुष्कर्म करता है, तो वह अपने मन को किसी एक विशिष्ट सुर में ले आता है, और उस सुर की जितनी भी तरंगे पहले से ही आकाश में अवस्थित हैं, वे सब उसके मन में घुस जाने की चेष्टा करती हैं। यही कारण है कि एक दुष्कर्मी साधारणत: अधिकाधिक दुष्कर्म करता जाता है। उसके कर्म क्रमश: प्रबलतर होते जाते हैं। यही बात सत्कर्म करने वाले के लिये भी घटती है, वह मानो वातावरण की समस्त शुभ-तरंगों को ग्रहण करने के लिये अपने को खोल देता है और इस प्रकार उसके सत्कर्म अधिकाधिक शक्तिसम्पन्न होते जाते हैं। अतएव हम देखते हैं कि दुष्कर्म करने में हमें दो प्रकार का भय है। पहला तो यह कि हम अपने को चारों ओर की अशुभ-तरंगों के लिये खोल देते हैं, और दूसरा यह कि हम स्वयं ऐसी अशुभ-तरंग का निर्माण कर देते हैं, जिसका प्रभाव दूसरों पर पड़ता है, चाहे वह सैकड़ों वर्ष बाद ही क्यों न हो। दुष्कर्म द्वारा हम केवल अपना ही नहीं, वरन् दूसरों का भी

अहित करते हैं और सत्कर्म द्वारा हम अपना तथा दूसरों का भी भला करते हैं। मनुष्य की अन्य शक्तियों के समान ही ये शुभ और अशुभ शक्तियां भी बाहर से बल संचित करती हैं।

अपने को इस आदर्श के भाव से ओत-प्रोत कर डालो, जो कुछ करो उसी का चिंतन करते रहो। तब इस विचार-शक्ति के प्रभाव से तुम्हारे समस्त कर्म बहुगुणित, रूपान्तरित और देवभाव मात्र हो जाएंगे। यदि 'जड़' शक्तिशाली है, तो 'विचार' सर्वशक्तिमान है। इस विचार से स्वयं को प्रेरित कर डालो, स्वयं को अपनी तेजस्विता, शक्तिमत्ता और गरिमा के भाव से पूर्णत: भर लो। काश, ईश्वरेच्छा से कुसंस्कारपूर्ण भाव तुम्हारे अन्दर प्रवेश न कर पाते! काश, ईश्वरकृपा से हम लोग इस कुसंस्कार के प्रभाव तथा दुर्बलता व नीचता के भाव से परिवेष्टित न होते! काश, ईश्वरेच्छा से मनुष्य अपेक्षाकृत सहज उपाय द्वारा उच्चतम, महत्तम सत्यों को प्राप्त कर सकता! पर उसे इन सबमें से होकर ही जाना पड़ता है, जो लोग तुम्हारे पीछे आ रहे हैं, उनके लिये रास्ता अधिक दुर्गम न बनाओ।

अपनी नकारात्मक भावनाओं को संयमित करो

हममें ये चार प्रकार के भाव रहने ही चाहिये। यह आवश्यक है कि हम सबके प्रति मैत्री-भाव रखें, दीन-दुखियों के प्रति दयावान हों, लोगों को सत्कर्म करते देख सुखी हों और दुष्टों के प्रति उपेक्षा दिखाएं। इसी प्रकार, जो विषय हमारे सामने आते हैं, उन सबके प्रति भी हमारे ये ही भाव रहने चाहिये। यदि कोई विषय सुखकर हो, तो उसके प्रति मित्रता अर्थात अनुकूल भाव धारण करना चाहिये। उसी प्रकार यदि हमारी भावना का विषय दु:खकर हो, तो उसके प्रति हमारा अन्त:करण करुणापूर्ण हो। यदि वह कोई शुभ विषय हो, तो हमें आनन्दित होना चाहिये तथा अशुभ विषय होने पर उसके प्रति उदासीन रहना ही श्रेयस्कर है। इन सब विभिन्न विषयों के प्रति मन के इस प्रकार विभिन्न भाव धारण करने से मन शान्त हो जाएगा। मन की इस प्रकार से विभिन्न भावों को धारण करने की असमर्थता ही

हमारे दैनिक जीवन की अधिकांश गड़बड़ी व अशान्ति का कारण है। मान लो, किसी ने मेरे प्रति कोई अनुचित व्यवहार किया, तो मैं तुरन्त उसका प्रतिकार करने को उद्यत हो जाता हूं। और इस प्रकार बदला लेने की भावना ही यह दिखाती है कि हम चित्त को संयमित रख पाने में असमर्थ हो रहे हैं। वह उस वस्तु की ओर तरंगाकार में प्रवाहित होता है और बस, हम अपने मन की शक्ति खो बैठते हैं। हमारे मन में घृणा या दूसरों का अनिष्ट करने की प्रवृत्ति के रूप में जो प्रतिक्रिया होती है, वह मन की शक्ति का अपव्यय मात्र है।

दूसरी ओर, यदि किसी बुरे विचार या घृणाप्रसूत कार्य अथवा किसी प्रकार की प्रतिक्रिया की भावना का दमन किया जाए, तो उससे शुभंकरी शक्ति उत्पन्न होकर हमारे ही उपकार के लिये संचित रहती है। यह बात नहीं कि इस प्रकार के संयम से हमारी कोई क्षति होती है, वरन् उससे तो हमारा आशातीत उपकार ही होता है। जब कभी हम घृणा या क्रोध की वृत्ति को संयत करते हैं, तभी वह हमारे अनुकूल शुभ-शक्ति के रूप में संचित होकर उच्चतर शक्ति में परिणत हो जाती है। पर्वत की गुफा में बैठकर भी यदि तुम कोई पाप-चिन्तन करो, किसी के प्रति घृणा का भाव पोषण करो, तो वह भी संचित रहेगा और कालान्तर में फिर से वह तुम्हारे पास कुछ दु:ख के रूप में आकर तुम पर प्रबल आघात करेगा। यदि तुम अपने हृदय से बाहर चारों ओर ईर्ष्या और घृणा के भाव भेजो, तो वह चक्रवृद्धि ब्याज सहित तुम्हीं पर आकर गिरेगा। दुनिया की कोई भी ताकत उसे रोक नहीं सकेगी। यदि तुमने एक बार उसको बाहर भेज दिया, तो फिर निश्चित जानो, तुम्हें उसका प्रतिघात सहन करना ही पड़ेगा। यह स्मरण रहने पर तुम कुकर्मों से बचे रह सकोगे।

नीतिशास्त्र कहते हैं, किसी के भी प्रति घृणा मत करो—सबसे प्रेम करो। पूर्वोक्त मत से नीतिशास्त्र के इस सत्य का स्पष्टीकरण हो जाता है। विद्युत-शक्ति के बारे में आधुनिक मत यह है कि वह डाइनेमो से बाहर निकलने के बाद, घूमकर फिर से उसी यन्त्र में लौट

आती है। प्रेम और घृणा के बारे में भी यही नियम लागू होता है। अत: किसी से घृणा करना उचित नहीं, क्योंकि यह शक्ति—यह घृणा, जो तुममें से बहिर्गत होगी, घूमकर कालान्तर में फिर तुम्हारे ही पास वापस आ जाएगी। यदि तुम मनुष्यों से प्रेम करो, तो वह प्रेम घूम-फिरकर तुम्हारे पास ही लौट आयेगा। यह अत्यन्त निश्चित सत्य है कि मनुष्य के मन से घृणा का जो अंश बाहर निकलता है, वह अन्त में अपनी पूरी शक्ति के साथ उसी के पास लौट आता है। कोई भी इसकी गति रोक नहीं सकता। इसी प्रकार प्रेम का प्रत्येक संवेग भी उसी के पास लौट आता है।

ईर्ष्या का अभाव ही सबसे बड़ा रहस्य है। अपने भाइयों के विचारों को मान लेने के लिये सदैव प्रस्तुत रहो और उनसे हमेशा मेल बनाये रखने की कोशिश करो। यही सारा रहस्य है। बहादुरी से लड़ते रहो। जीवन क्षणस्थायी है। इसे एक महान् उद्देश्य के लिये समर्पित कर दो।

पहले स्वयं को बदलो

हम देख चुके हैं कि अन्तर्जगत् ही बाह्य जगत् पर शासन करता है। आत्मपरिवर्तन के साथ वस्तुपरिवर्तन अवश्यम्भावी है, अपने को शुद्ध कर लो, संसार का विशुद्ध होना अवश्यम्भावी है। पहले के किसी भी काल से अधिक, आजकल इस एक बात की शिक्षा की आवश्यकता है। हम लोग अपने विषय में उत्तरोत्तर कम और अपने पड़ोसियों के विषय में उत्तरोत्तर अधिक व्यस्त होते जा रहे हैं। यदि हम परिवर्तित होते हैं, तो संसार परिवर्तित हो जाएगा, यदि हम निर्मल हैं, तो संसार निर्मल हो जाएगा। प्रश्न यह है कि मैं दूसरों में दोष क्यों देखूं। जब तक मैं दोषमय न हो जाऊं, तब तक मैं दोष नहीं देख सकता। जब तक मैं निर्बल न हो जाऊं, तब तक मैं दु:खी नहीं हो सकता। जब मैं बालक था, उस समय जो चीजें मुझे दु:खी बना देती थीं, अब वैसा नहीं कर पातीं। कर्ता में परिवर्तन हुआ, इसलिये कर्म में परिवर्तन अवश्यम्भावी है—यही वेदान्त का मत है।

जिस मनुष्य ने स्वयं पर नियंत्रण कर लिया है, उस पर दुनिया की कोई भी चीज प्रभाव नहीं डाल सकती, उसके लिये किसी भी प्रकार की दासता शेष नहीं रह जाती। उसका मन स्वतंत्र हो जाता है और केवल ऐसा ही व्यक्ति संसार में रहने योग्य है। बहुधा हम देखते हैं कि लोगों की संसार के विषय में दो तरह की धारणाएं होती हैं। कुछ लोग निराशावादी होते हैं। वे कहते हैं, ''संसार कैसा भयानक है, कैसा दुष्ट है!'' दूसरे लोग आशावादी होते हैं और कहते हैं, ''अहा! संसार कितना सुन्दर है, कितना अद्भुत है!'' जिन लोगों ने अपने मन पर विजय नहीं प्राप्त की है, उनके लिये यह संसार या तो बुराइयों से भरा है, या फिर अच्छाइयों तथा बुराइयों का मिश्रण है। परन्तु यदि हम अपने मन पर विजय प्राप्त कर लें, तो यही संसार सुखमय हो जाता है। फिर हमारे ऊपर किसी बात के अच्छे या बुरे भाव का असर न होगा, हमें सब कुछ यथास्थान और सामज्यस्यपूर्ण दिखलायी पड़ेगा।

हमारे हृदय में प्रेम, धर्म और पवित्रता का भाव जितना बढ़ता जाता है, उतना ही हम बाहर भी प्रेम, धर्म और पवित्रता देख सकते हैं। हम दूसरों के कार्यों की जो निन्दा करते हैं, वह वास्तव में हमारी अपनी ही निन्दा है। तुम अपने क्षुद्र ब्रह्माण्ड को ठीक करो, जो तुम्हारे हाथ में है, वैसा होने पर बृहद ब्रह्माण्ड भी तुम्हारे लिये स्वयं ही ठीक हो जाएगा। यह मानों Hydrostalic paradox (द्रव-स्थैतिक विरोधाभास) के समान है—एक बिन्दु जल की शक्ति से समग्र जगत् को साम्यावस्था में रखा जा सकता है। हमारे भीतर जो नहीं है, बाहर भी हम उसे नहीं देख सकते। बृहत् इंजन के समक्ष जैसे अत्यन्त छोटा इंजन है, समग्र जगत् की तुलना में हम भी वैसे ही है। छोटे इंजन के भीतर कुछ गड़बड़ी देखकर, हम कल्पना करते हैं कि बड़े इंजन के भीतर भी कोई गड़बड़ी है।

जगत् में जो कुछ यथार्थ उन्नति हुई है, वह प्रेम की शक्ति से ही हुई है। दोष बताकर कभी भी अच्छा काम नहीं किया जा सकता।

हजारों वर्षों तक परीक्षण करके यह बात देखी जा चुकी है। निन्दावाद से कुछ भी हल नहीं होता।

पूरी जिम्मेदारी अपने कन्धों पर लो

अपनी वर्तमान अवस्था के लिए हमीं जिम्मेदार हैं और हम जो कुछ होना चाहें, उसकी शक्ति भी हमीं में है। यदि हमारी वर्तमान अवस्था हमारे ही पूर्व कर्मों का फल है, तो यह भी निश्चित है कि हम भविष्य में जो कुछ होंगे, वह हमारे वर्तमान कर्मों द्वारा ही निर्धारित किया जा सकता है, अत: यह जान लेना आवश्यक है कि कर्म किस प्रकार किये जाएं।

हमें वही मिलता है, जिसके हम पात्र हैं। आओ, हम अपना अभिमान छोड़ दें और समझ लें कि हम पर आयी हुई कोई भी आपत्ति ऐसी नहीं है, जिसके पात्र हम नहीं थे। कभी बेकार की चोट नहीं पड़ी, ऐसी कोई बुराई नहीं आयी, जो हमने स्वयं ही न बुलायी हो। इसका हमें ज्ञान होना चाहिये। तुम आत्मनिरीक्षण करो, तो पाओगे कि ऐसी एक भी चोट तुम्हें नहीं लगी, जो तुमने स्वयं न की हो। आधा काम तुमने किया और आधा बाहरी दुनिया ने, और इस तरह तुम्हें चोट लगी। यह विचार हमें गम्भीर बना देगा और साथ ही इस विश्लेषण से आशा की ध्वनि आयेगी, 'बाह्य जगत् पर मेरा नियंत्रण भले ही न हो, पर जो मेरे अन्दर है, जो मेरे अधिक निकट है, उस अपने अन्तर्जगत् पर मेरा अधिकार है। यदि असफलता के लिये इन दोनों के संयोग की जरूरत होती हो, यदि चोट लगने के लिये इन दोनों का इकट्ठे होना जरूरी हो, तो मेरे अधिकार में जो दुनिया है, उसे मैं न छोड़ूंगा, फिर देखूंगा कि मुझे चोट कैसे लगती है ? यदि मैं स्वयं पर सच्चा प्रभुत्व पा जाऊं, तो कभी चोट न लग सकेगी।

जब सारा दायित्व हमारे अपने कन्धों पर डाल दिया जाता है, उस समय हम जितनी अच्छी तरह से कार्य करते हैं, उतनी और किसी अवस्था में नहीं करते। मैं तुम लोगों से पूछता हूं, यदि एक नन्हें बच्चे को तुम्हारे हाथ में सौंप दूं, तो तुम उसके प्रति कैसा व्यवहार करोगे ?

उस क्षण के लिये तुम्हारा सारा जीवन बदल जाएगा। तुम्हारा स्वभाव कैसा भी क्यों न हो, कम-से-कम उन क्षणों के लिये तुम पूर्णत: नि:स्वार्थी बन जाओगे। यदि तुम पर उत्तरदायित्व डाल दिया जाए, तो तुम्हारी सारी पाप-प्रवृत्तियां दूर हो जाएंगी, तुम्हारा सारा चरित्र बदल जाएगा। इसी प्रकार, जब सारे उत्तरदायित्व का बोझ हम पर डाल दिया जाता है, तब हम अपने सर्वोच्च भाव में आरोहण करते हैं। जब हमारे सारे दोष और किसी के माथे नहीं मढ़े जाते, जब शैतान या भगवान् किसी को भी हम अपने दोषों के लिये उत्तरदायी नहीं ठहराते, तभी हम सर्वोच्च भाव में पहुंचते हैं। अपने भाग्य के लिये मैं उत्तरदायी हूं। मैं स्वयं अपने शुभाशुभ दोनों का कर्ता हूं।

नि:सन्देह यह जीवन एक कठोर सत्य है। यद्यपि यह वज्र के समान दुर्भेद्य प्रतीत होता है, तथापि प्राणपण से इसके बाहर जाने का प्रयत्न करो, आत्मा में उसकी अपेक्षा अनन्तगुना शक्ति है! वेदान्त तुम्हारे कर्मफल के लिये देवताओं को उत्तरदायी नहीं बनाता, वह कहता है, तुम स्वयं ही अपने भाग्य के निर्माता हो। तुम अपने ही कर्म से अच्छे और बुरे, दोनों प्रकार के फल भोग रहे हो, तुम अपने हाथों से अपनी आंखें मूंदकर कहते हो—अन्धकार है। हाथ हटा लो—प्रकाश दीख पड़ेगा। तुम ज्योतिस्वरूप हो, तुम पहले से ही सिद्ध हो।

जो लोग अपने दु:खों या कष्टों के लिये दूसरों को दोषी बनाते हैं (और दु:ख की बात यह है कि ऐसे लोगों की संख्या दिनो-दिन बढ़ती जा रही है), वे साधारणतया अभागे और दुर्बल-मस्तिष्क हैं। अपने कर्मदोष से वे ऐसी परिस्थिति में आ पड़े हैं और अब वे दूसरों को दोषी ठहरा रहे हैं। पर इससे उनकी दशा में तनिक भी परिवर्तन नहीं होता—उनका कोई भला नहीं होता, वरन् दूसरों पर दोष लादने की चेष्टा करने के कारण वे और भी दुर्बल हो जाते हैं। अत: अपने दोष के लिये तुम किसी को उत्तरदायी न समझो, अपने ही पैरों पर खड़े होने की चेष्टा करो, सब कामों के लिये अपने को ही उत्तरदायी समझो। कहो कि जिन कष्टों को हम अभी झेल रहे हैं, वे हमारे ही

किये हुए कर्मों के फल हैं। यदि यह मान लिया जाए, तो यह भी प्रमाणित हो जाता है कि वे हमारे द्वारा नष्ट भी किये जा सकते हैं। जो कुछ हमने सृष्ट किया है, उसको हम ध्वंस भी कर सकते हैं, जो कुछ दूसरों ने किया है, उसका नाश हमसे कभी नहीं हो सकता। अत: उठो, साहसी बनो, वीरता दिखाओ। सब उत्तरदायित्व अपने कन्धे पर लो—याद रखो कि तुम स्वयं अपने भाग्य के निर्माता हो। तुम जो कुछ बल या सहायता चाहो, सब तुम्हारे ही भीतर विद्यमान है। अत: इस ज्ञानरूप शक्ति के सहारे तुम बल प्राप्त करो और अपने हाथों अपना भविष्य गढ़ डालो। **गतस्य शोचना नास्ति** सारा भविष्य तुम्हारे सामने पड़ा है। सदैव स्मरण रखो कि तुम्हारा हर विचार, हर कार्य संचित रहेगा, और यह भी याद रखो कि जिस प्रकार तुम्हारे बुरे विचार और बुरे कार्य शेरों की तरह तुम पर कूद पड़ने की ताक में हैं, उसी प्रकार भले विचार और भले कार्य भी हजारों देवताओं की शक्ति लेकर सर्वदा तुम्हारी रक्षा के लिये तैयार हैं।

कर्म कैसे करें?

कार्य के निमित्त ही कार्य। प्रत्येक देश में कुछ ऐसे नर-रत्न होते हैं, जो केवल कर्म के लिये ही कर्म करते हैं। वे नाम, यश अथवा स्वर्ग की भी परवाह नहीं करते। वे केवल इसलिए कर्म करते हैं कि उससे कुछ कल्याण होगा, कुछ लोग ऐसे भी होते हैं, जो और भी उच्चतर उद्देश्य लेकर गरीबों के प्रति भलाई तथा मनुष्य जाति की सहायता करने के लिये अग्रसर होते हैं, क्योंकि वे शुभ में विश्वास करते हैं और उससे प्रेम करते हैं। नाम तथा यश के लिये कहा गया कार्य बहुधा शीघ्र फलित नहीं होता। ये चीजें हमें उस समय प्राप्त होती हैं, जब हम वृद्ध हो जाते हैं और जीवन की आखिरी घड़ियां गिनते रहते हैं। यदि कोई मनुष्य नि:स्वार्थ भाव से कार्य करे, तो क्या उसे कोई फलप्राप्ति नहीं होती? असल में तभी तो उसे सर्वोच्च फल की प्राप्ति होती है। और सच पूछा जाए, तो नि:स्वार्थता अधिक फलदायी होती है, केवल लोगों में इसका अभ्यास करने का धैर्य नहीं

होता। स्वास्थ्य की दृष्टि से भी यह अधिक लाभदायक है। प्रेम, सत्य तथा नि:स्वार्थता नैतिकता सम्बन्धी आलंकारिक वर्णन मात्र नहीं हैं, वरन् शक्ति की महान् अभिव्यक्ति होने के कारण वे हमारे सर्वोच्च आदर्श हैं।

वेदांत का आदर्श रूप जो सच्चा कर्म है, वह अनन्त शान्ति के साथ संयुक्त है। किसी भी प्रकार की परिस्थिति में वह शान्ति नष्ट नहीं होती—चित्त का वह साम्यभाव कभी भंग नहीं होता। हम लोग भी बहुत कुछ देखने-सुनने के बाद यही समझ पायें हैं कि कार्य करने के लिये इस प्रकार की मनोवृत्ति ही सबसे अधिक उपयोगी होती है।

लोगों ने अनेकों बार मुझसे यह प्रश्न किया है कि हम कार्य के लिये जो एक प्रकार का आवेग अनुभव करते हैं, यदि वह न रहे तो हम कार्य कैसे करेंगे? मैं भी बहुत दिन पहले यही सोचता था, किंतु जैसे-जैसे मेरी आयु बढ़ रही है, जितना अनुभव बढ़ता जा रहा है, उतना ही मैं देखता हूं कि सत्य नहीं है। कार्य के भीतर आवेग जितना ही कम रहता है, वह उतना ही उत्कृष्ट होता है। हम लोग जितने अधिक शान्त होते हैं, उतना ही हम लोगों का आत्म-कल्याण होता है और हम काम भी अधिक अच्छी तरह से कर पाते हैं। जब हम लोग भावनाओं के अधीन हो जाते हैं, तब अपनी शक्ति का अपव्यय करते हैं, अपने स्नायु-समूह को विकृत कर डालते हैं, मन को चंचल बना डालते हैं, किन्तु काम बहुत कम कर पाते हैं। जिस शक्ति का कार्यरूप में परिणत हो जाना उचित था, वह वृथा भावुकता मात्र में पर्यवसित होकर क्षय हो जाती है। जब मन अत्यन्त शान्त और एकाग्र रहता है, केवल तभी हम लोगों की समस्त शक्ति सत्कार्य में व्यय होती है। यदि कभी तुम जगत् के महान् कार्यकुशल व्यक्तियों की जीवनी पढ़ो, तो देखोगे कि वे अद्भुत शान्त प्रकृति के लोग थे। कोई भी वस्तु उनके चित्त की स्थिरता भंग नहीं कर पाती थी। इसलिये जो व्यक्ति शीघ्र ही क्रोध, घृणा या अन्य किसी आवेग से अभिभूत हो जाता है, वह कोई काम नहीं कर पाता, अपने को चूर-चूर कर

डालता है और कुछ भी व्यावहारिक नहीं कर पाता। केवल शान्त, क्षमाशील स्थिरचित्त व्यक्ति ही सबसे अधिक काम कर पाता है।

यह जान लेना आवश्यक है कि कर्म किस प्रकार किये जाएं। सम्भव है, तुम कहो, ''कर्म करने की शैली जानने से क्या लाभ? संसार में हर व्यक्ति किसी-न-किसी प्रकार से कर्म तो करता ही है।'' परन्तु यह भी ध्यान रखना चाहिये कि शक्तियों का निरर्थक क्षय भी कोई चीज होती है। गीता का कथन है, 'कर्मयोग का अर्थ है—कुशलता से अर्थात वैज्ञानिक प्रणाली से कर्म करना।' कर्मानुष्ठान की विधि ठीक-ठीक जानने से मनुष्य को श्रेष्ठतम फल प्राप्त हो सकता है। यह स्मरण रखना चाहिए कि समस्त कर्मों का उद्देश्य है, मन के भीतर पहले से ही स्थित शक्ति को प्रकट कर देना-आत्मा को जाग्रत कर देना। हर व्यक्ति के भीतर शक्ति और पूर्ण ज्ञान विद्यमान है। भिन्न भिन्न कर्म इन महान् शक्तियों को जाग्रत तथा बाहर प्रकट कर देने के लिए झटकों के सदृश हैं।

निष्क्रियता का हर प्रकार से त्याग करना चाहिए। क्रिया-शीलता का अर्थ है—प्रतिरोध। मानसिक तथा शारीरिक समस्त दोषों का प्रतिरोध करो, जब तुम इस प्रतिरोध में सफल होगे, तभी शान्ति प्राप्त होगी। यह कहना बड़ा सरल है कि 'किसी से घृणा मत करो, किसी बुराई का प्रतिरोध मत करो', परन्तु हम जानते हैं कि इसे कार्यरूप में परिणत करना क्या है। जब सारे समाज की आंखें हमारी ओर लगी हों, तो हम अप्रतिरोध का प्रदर्शन भले ही करें, परन्तु हमारे हृदय में वह सदैव कुरेदती रहती है। अप्रतिरोध का शांतिजन्य अभाव हमें निरन्तर खलता है, ऐसा लगता है कि प्रतिरोध करना ही अच्छा है। यदि तुम्हें धन की इच्छा है और साथ ही तुम्हें यह भी मालूम है कि जो मनुष्य धन का इच्छुक है, उसे संसार दुष्ट कहता है, तो सम्भव है, तुम धन प्राप्त करने के लिये प्राणपण से चेष्टा करने का साहस न करो, परन्तु फिर भी तुम्हारा मन दिन-रात धन के पीछे दौड़ता रहेगा। यह तो सरासर मिथ्याचार है और इससे कोई लाभ नहीं

होता। संसार में कूद पड़ो और जब तुम इसके समस्त दु:ख-सुखों को भोग लोगे, तभी त्याग आयेगा—तभी शान्ति प्राप्त होगी।

जो सदैव इसी चिन्ता में पड़ा रहता है कि भविष्य में क्या होगा, उससे कोई कार्य नहीं हो सकता। इसलिए जिस बात को तुम सत्य समझते हो, उसे अभी कर डालो, भविष्य में क्या होगा या नहीं होगा, इसकी चिन्ता करने की क्या जरूरत ? जीवन की अवधि इतनी अल्प है, यदि इसमें भी तुम किसी कार्य के लाभ-हानि का विचार करते रहो, तो क्या उस कार्य का होना सम्भव है ? फल देने वाला तो एकमात्र ईश्वर है। जैसा उचित होगा, वह वैसा करेगा। तुम्हें इस विषय में क्या करना है ? तुम उसकी चिन्ता छोड़कर अपना काम किये जाओ।

कर्मफल में आसक्ति रखने वाला व्यक्ति अपने भाग्य में आये हुए कर्तव्य पर भुनभुनाता है। अनासक्त व्यक्ति के लिए सारे कर्तव्य समान रूप से अच्छे हैं। उसके लिये तो वे कर्तव्य स्वार्थपरता तथा इन्द्रियपरायणता को नष्ट करके आत्मा को मुक्त कर देने वाले शक्तिशाली साधन हैं। हम सब अपने को बहुत बड़ा मानते हैं। प्रकृति ही सदैव कड़े नियम से हमारे कर्मों के अनुसार उचित कर्मफल का विधान बनाती है। और इसलिये अपनी ओर से चाहे हम किसी कर्तव्य को स्वीकार करने के लिये भले ही अनिच्छुक हों, फिर भी वस्तुत: हमारे कर्मफल के अनुसार ही हमारे कर्मफल निर्धारित होंगे। स्पर्धा से ईर्ष्या उत्पन्न होती है और उससे हृदय की कोमलता नष्ट हो जाती है। भुनभुनाते रहने वाले व्यक्ति के लिये सभी कर्तव्य नीरस होते हैं। उसे कभी किसी चीज से सन्तोष नहीं होता और फलस्वरूप उसका जीवन दूभर हो जाता है और उसकी असफलता स्वाभाविक ही है। हमें चाहिये कि हम काम करते रहें, हमारा जो भी कर्तव्य हो, उसे करते रहें, अपना कन्धा सदैव काम से भिड़ाये रखें। तभी निश्चित रूप से हमें प्रकाश की उपलब्धि होगी।

वेदान्त कहता है, इस प्रकार कार्य करो—जैसे सभी वस्तुओं में

ईश्वर है। अपनी बुद्धि का प्रयोग करो, समझो कि ईश्वर सब में है, अपने जीवन को भी ईश्वर से अनुप्राणित, यहां तक कि ईश्वररूप ही समझो। यह जान लो कि यही हमारा एकमात्र कर्तव्य है, यही हमारे जानने कि एकमात्र वस्तु है। ईश्वर सभी वस्तुओं में विद्यमान है, उसे प्राप्त करने के लिये और कहां जाओगे? प्रत्येक कार्य में, प्रत्येक भाव में, प्रत्येक विचार में वह पहले से ही विद्यमान है। इस प्रकार समझकर हमें कार्य करते जाना होगा। यही एकमात्र पथ है, अन्य नहीं। इस प्रकार करने पर कर्मफल तुमको लिप्त न कर सकेगा। फिर कर्मफल तुम्हारा कोई अनिष्ट नहीं कर पायेगा। हम देख चुके हैं कि हम जो कुछ दु:ख-कष्ट भोगते हैं, उसका कारण है—ये व्यर्थ की वासनाएं। परन्तु जब ये वासनाएं ईश्वरबुद्धि के द्वारा पवित्र भाव धारण कर लेती हैं, ईश्वर स्वरूप हो जाती हैं, तब उनके आने से फिर कोई अनिष्ट नहीं होता। जिन्होंने इस रहस्य को नहीं जाना है, जब तक इसे नहीं जान लेते, तब तक उन्हें इसी आसुरी जगत् में रहना पड़ेगा। लोग नहीं जानते कि यहां उनके चारों ओर सर्वत्र कैसी आनन्द की खान पड़ी हुई है। वे अभी तक उसे खोज नहीं पाये। आसुरी जगत् का अर्थ क्या है? वेदान्त कहता है—अज्ञान।

मन की रुचि के अनुसार काम मिलने पर अत्यन्त मूर्ख व्यक्ति भी उसे कर सकता है। सब कामों को जो अपने मन के अनुकूल बना देता है, वही बुद्धिमान है। कोई भी काम छोटा नहीं है, संसार में सब कुछ वट-बीज की तरह है, सरसों जैसा क्षुद्र दिखायी देने पर भी अति विशाल वट-वृक्ष उसके अन्दर विद्यमान है। बुद्धिमान वही है जो ऐसा देख पाता है और सब कामों को महान् बनाने में समर्थ है।

किसी भी प्रकार के कर्तव्य की उपेक्षा नहीं करनी चाहिये। जो व्यक्ति कोई छोटा या नीचा काम करता है, वह केवल इसी कारण ऊंचा काम करने वाले की अपेक्षा छोटा या हीन नहीं हो जाता। मनुष्य की परख उसके कर्तव्य की उच्चता या हीनता की कसौटी पर नहीं होनी चाहिये, वरन यह देखना चाहिये कि वह कर्तव्यों का

पालन किस ढंग से करता है। मनुष्य की सच्ची पहचान तो अपने कर्तव्यों को करने की उसकी शक्ति तथा शैली में होती है। एक मोची, जो कि कम-से-कम समय में सुन्दर और मजबूत जूतों की जोड़ी तैयार कर सकता है, अपने व्यवसाय में उस प्राध्यापक की अपेक्षा कहीं अधिक श्रेष्ठ है, जो अपने जीवन भर प्रतिदिन थोथी बकवास ही किया करता है।

प्रत्येक कर्तव्य पवित्र है और कर्तव्य-निष्ठा भगवत्पूजा का सर्वोत्कृष्ट रूप है, बद्ध जीवों की भ्रान्त, अज्ञान-तिमिराच्छन्न आत्माओं को ज्ञान और मुक्ति दिलाने में यह कर्तव्य-निष्ठा निश्चय ही बड़ी सहायक है।

जो कर्तव्य हमारे निकटतम है, जो कार्य अभी हमारे हाथों में है, उसको सुचारू रूप से सम्पन्न करने से हमारी कार्यशक्ति बढ़ती है और इस प्रकार क्रमशः अपनी शक्ति बढ़ाते हुए हम एक ऐसी अवस्था को भी प्राप्त कर सकते हैं, जब हमें जीवन और समाज के सबसे ईप्सित एवं प्रतिष्ठित कार्यों को करने का सौभाग्य प्राप्त हो सके।

स्वामी के समान कर्म करो

शिक्षा का समस्त सार यही है कि तुम्हें एक 'स्वामी' के समान कार्य करना चाहिये, न कि एक 'दास' की तरह। कर्म तो निरन्तर करते रहो, परन्तु एक दास के समान मत करो। सब लोग किस प्रकार कर्म कर रहे हैं, क्या यह तुम नहीं देखते? इच्छा होने पर भी कोई आराम नहीं कर सकता, 99% लोग तो दासों की तरह कार्य करते रहते हैं और उसका फल होता है—दुःख, ये सब कार्य स्वार्थपूर्ण होते हैं। मुक्त भाव से कर्म करो! प्रेमसहित कर्म करो! 'प्रेम' शब्द का अर्थ समझना बहुत कठिन है। बिना स्वाधीनता के प्रेम आ ही नहीं सकता। दास में सच्चा प्रेम होना सम्भव नहीं। यदि तुम एक गुलाम मोल ले लो और उसे जंजीरों से बांधकर उससे अपने लिये काम कराओ, तो वह कष्ट उठाकर किसी प्रकार काम तो अवश्य करेगा,

पर उसमें किसी प्रकार का प्रेम नहीं रहेगा। इसी तरह जब हम संसार के लिये दासवत कर्म करते हैं, तो उसके प्रति हमारा प्रेम नहीं रहता और इसीलिये वह सच्चा कर्म नहीं हो सकता। हम अपने बन्धु-बान्धवों के लिये जो कर्म करते हैं, यहां तक कि हम अपने स्वयं के लिये भी जो कर्म करते हैं, उनके बारे में भी ठीक यही बात है। स्वार्थ के लिये किया कार्य दास का कार्य है। और कोई कार्य स्वार्थ के लिये है अथवा नहीं, इसकी पहचान यह है कि प्रेम के साथ किया गया प्रत्येक कार्य आनन्दायक होता है। सच्चे प्रेम के साथ किया हुआ कोई भी कार्य ऐसा नहीं है, जिसके फलस्वरूप शान्ति और आनन्द प्राप्त न हो।

जो मनुष्य प्रेम और स्वतन्त्रता से अभिभूत होकर कार्य करता है, उसे फल की कोई चिन्ता नहीं रहती। परन्तु दास कोड़ों की मार खाता है और नौकर अपना वेतन। ऐसी ही समस्त जीवन में है। उदाहरणार्थ, सार्वजनिक जीवन को ले लो। सार्वजनिक सभा में भाषण देनेवाला या तो कुछ तालियां चाहता है या फिर विरोध-प्रदर्शन। यदि तुम इन दोनों में से उसे कुछ भी न दो, तो वह हतोत्साहित हो जाता है, क्योंकि उसे इनकी जरूरत है। यही दास की तरह काम करना कहलाता है। ऐसी परिस्थितियों में, बदले में कुछ चाहना हमारी दूसरी प्रकृति बन जाती है। इसके बाद है नौकर का काम, जो किसी वेतन की अपेक्षा करता है, 'मैं तुम्हें यह देता हूं और तुम मुझे वह दो'। मैं कार्य के लिये ही कार्य करता हूं—यह कहना तो बड़ा सरल है, पर इसे पूरा कर दिखाना अत्यन्त कठिन।

हम लोगों को कार्य अवश्यमेव करना पड़ेगा। व्यर्थ की वासनाओं के चक्र में पड़कर इधर-उधर भटकते फिरनेवाले साधरण जन कार्य के सम्बन्ध में भला क्या जानें? जो व्यक्ति भावनाओं और इन्द्रियों से परिचालित है, वह भला कार्य को क्या समझे? कार्य वही कर सकता है, जो किसी वासना के द्वारा किसी स्वार्थपरता के द्वारा परिचालित नहीं होता। वे ही कार्य करते हैं, जिनमें कोई कामना नहीं है। वे ही

कार्य करते हैं, जो बदले में किसी लाभ की आशा नहीं रखते।

इस संसार की भलाई

दूसरों के प्रति हमारे कर्तव्य का अर्थ है—दूसरों की सहायता करना, संसार का भला करना। हम संसार का भला क्यों करें? इसलिये कि देखने में तो हम संसार का उपकार करते हैं, परन्तु असल में हम अपना ही उपकार करते हैं। हमें सदैव संसार के उपकार की चेष्टा करनी चाहिये और कार्य करने मे यही हमारा सर्वोच्च उद्देश्य होना चाहिये। परन्तु यदि ध्यानपूर्वक देखा जाए, तो प्रतीत होगा कि इस संसार को हमारी सहायता की बिल्कुल आवश्यकता नहीं है। यह संसार इसलिये नहीं बना कि हम अथवा तुम आकर इसकी सहायता करें। एक बार मैंने एक उपदेश पढ़ा था, वह इस प्रकार था—'यह सुन्दर संसार बड़ा अच्छा है, क्योंकि इसमें हमें दूसरों की सहायता करने के लिये समय तथा अवसर मिलता है। ऊपर से तो यह भाव सचमुच सुन्दर है, पर यह कहना कि संसार को हमारी सहायता की आवश्यकता है, क्या घोर ईश-निन्दा नहीं है? यह सच है कि संसार में दु:ख-कष्ट बहुत है, और इसलिये लोगों की सहायता करना हमारे लिये सर्वश्रेष्ठ कार्य है, परन्तु आगे चलकर हम देखेंगे कि दूसरों की सहायता करने का अर्थ है, अपनी ही सहायता करना।

फिर भी हमें सदैव परोपकार करते ही रहना चाहिये। यदि हम सदैव यह ध्यान रखें कि दूसरों की सहायता करना एक सौभाग्य है, तो परोपकार करने की इच्छा हमारी सर्वोत्कृष्ट प्रेरणा है। एक दाता के ऊंचे आसन पर खड़े होकर और अपने हाथ में दो पैसे लेकर यह मत कहो, "ऐ भिखारी, ले यह मैं तुझे देता हूं।" परन्तु इस बात के लिये कृतज्ञ होओ कि तुम्हें वह निर्धन व्यक्ति मिला, जिसे दान देकर तुमने स्वयं अपना उपकार किया। धन्य पानेवाला नहीं होता, देनेवाला होता है। इस बात के लिये कृतज्ञ होओ कि इस संसार में तुम्हें अपनी दयालुता का प्रयोग करने और इस प्रकार पवित्र एवं पूर्ण होने का अवसर प्राप्त हुआ।

यदि तुम सोचो कि तुमने इस शरीर को, जिसका अहंभाव लिये बैठे हो, दूसरों के निमित्त उत्सर्ग कर दिया है तो तुम इस अहंभाव को भी भूल जाओगे और अन्त में विदेह-बुद्धि आ जाएगी। एकाग्र चित्त से औरों के लिये जितना सोचोगे, उतना ही अपने अहंभाव को भी भूलोगे। इस प्रकार कर्म करने पर जब क्रमश: चितशुद्धि हो जाएगी, तब इस तत्व की अनुभूति होगी कि अपनी ही आत्मा सब जीवों में विराजमान है। औरों का हित करना आत्मविकास का एक उपाय है, एक पथ है। इसे भी एक तरह की साधना जानो। इसका उद्देश्य भी आत्म-विकास है। ज्ञान, भक्ति आदि की साधना से जैसा आत्म-विकास होता है, परार्थ कर्म करने से भी वैसा ही होता है।

यदि तुम किसी मनुष्य को कुछ दे दो और उससे किसी प्रकार की आशा न करो, यहां तक कि उससे कृतज्ञता प्रकाशन की भी इच्छा न करो, तो यदि वह मनुष्य कृतघ्न भी हो, तो भी उसकी कृतघ्नता का कोई प्रभाव तुम्हारे ऊपर न पड़ेगा, क्योंकि तुमने तो कभी किसी बात की आशा ही नहीं की थी और न यही सोचा था कि तुम्हें उससे बदले में पाने का कुछ अधिकार है। तुमने उसे वही दिया, जो उसका प्राप्य था। उसे वह चीज अपने कर्म से ही मिली, और अपने कर्म से ही तुम उसके दाता बने। यदि तुम किसी को कोई चीज दो, तो उसके लिये तुम्हें घमण्ड क्यों होना चाहिये? तुम तो केवल उस धन अथवा दान के वाहक मात्र हो और संसार अपने कर्मों द्वारा उसे पाने का अधिकारी है। फिर तुम्हें अभिमान क्यों हो? जो कुछ तुम संसार को देते हो, वह आखिर है ही कितना?

कुछ भी न मांगो, बदले में कोई चाह न रखो। तुम्हें जो कुछ देना हो, दे दो। वह तुम्हारे पास वापस आ जाएगा, लेकिन आज ही उसका विचार मत करो। वह हजार गुना होकर वापस आयेगा, पर तुम अपनी दृष्टि उधर मत रखो। देने की ताकत पैदा करो। दे दो और बस काम खत्म हो गया। यह बात जान लो कि सम्पूर्ण जीवन दानस्वरूप है, प्रकृति तुम्हें देने के लिये बाध्य करेगी। इसलिये

स्वेच्छापूर्वक दो। एक-न-एक दिन तुम्हें दे देना ही पड़ेगा। इस संसार में तुम जोड़ने के लिये आते हो। मुट्ठी बांधकर तुम चाहते हो लेना, मगर प्रकृति तुम्हारा गला दबाती है और तुम्हें मुट्ठी खोलने को मजबूर करती है। तुम्हारी इच्छा हो या न हो, तुम्हें देना ही पड़ेगा। जिस क्षण तुम कहते हो कि 'मैं नहीं दूंगा', एक घूंसा पड़ता है और तुम चोट खा जाते हो। दुनिया में आये हुये प्रत्येक व्यक्ति को अन्त में अपना सर्वस्व दे देना होगा। इस नियम के विरुद्ध बरतने का मनुष्य जितना अधिक प्रयत्न करता है, उतना ही अधिक वह दुखी होता है। हममें देने की हिम्मत नहीं है, प्रकृति की यह उदात्त मांग पूरी करने के लिये हम तैयार नहीं हैं, और यही है—हमारे दु:ख का कारण। जंगल साफ हो जाते हैं, बदले में हमें उष्णता मिलती है। सूर्य समुद्र से पानी लेता है, इसलिये कि वह वर्षा करे। तुम भी लेन-देन के यंत्र मात्र हो। तुम इसलिये लेते हो कि तुम दो, बदले में कुछ भी मत मांगो। तुम जितना ही अधिक दोगे, उतना ही अधिक तुम्हें वापस मिलेगा। जितनी ही जल्दी इस कमरे की हवा तुम खाली करोगे, उतनी ही जल्दी यह बाहरी हवा से भर जाएगा। पर यदि तुम सब दरवाजे-खिड़कियां और छिद्र बन्द कर लो, तो अन्दर की हवा अन्दर रहेगी जरूर, पर बाहरी हवा कभी अन्दर नहीं आयेगी, जिससे अन्दर की हवा दूषित, गन्दी और विषैली बन जाएगी। नदी स्वयं को निरंतर समुद्र में खाली किये जा रही है और वह फिर से लगातार भरती आ रही है। समुद्र की ओर गमन बन्द मत करो। जिस क्षण तुम ऐसा करते हो, मृत्यु तुम्हें आ दबाती है।

विद्या-बुद्धि, धन-जन, बल-वीर्य जो कुछ प्रकृति हम लोगों के पास एकत्र करती है, वह समय आने पर बांटने के लिये हैं, हमें यह बात स्मरण नहीं रहती, सौंपे हुए धन में आत्म-बुद्धि हो जाती है, बस इसी प्रकार विनाश का सूत्रपात होता है।

नि:स्वार्थता ही सफलता लाएगी

इसी प्रकार मन की सारी बहिर्मुखी गति किसी स्वार्थपूर्ण उद्देश्य की ओर दौड़ते रहने से छिन्न-भिन्न होकर बिखर जाती है, वह फिर तुम्हारे पास शक्ति लौटाकर नहीं लाती। परन्तु यदि उसका संयम किया जाए, तो उससे शक्ति की वृद्धि होती है। इस आत्मसंयम से महान् इच्छाशक्ति का प्रादुर्भाव होता है, वह बुद्ध या ईसा जैसे चरित्र का निर्माण करता है। मूर्खों को इस रहस्य का पता नहीं रहता, परन्तु फिर भी वे मनुष्य-जाति पर शासन करने के इच्छुक रहते हैं। एक मूर्ख भी यदि कर्म करे और प्रतीक्षा करे, तो समस्त संसार पर शासन कर सकता है। यदि वह कुछ वर्ष तक प्रतीक्षा करे तथा अपने इस मूर्खताजन्य जगत्-शासन के भाव को संयत कर ले, तो इस भाव के समूल नष्ट होते ही वह संसार में एक शक्ति बन जाएगा। परन्तु जिस प्रकार कुछ पशु अपने से दो-चार कदम आगे कुछ देख नहीं सकते, इसी प्रकार हममें से अधिकांश लोग दो-चार वर्ष के आगे भविष्य नहीं देख सकते। हमारा संसार मानो एक क्षुद्र परिधि-सा होता है, हम बस उसी में आबद्ध रहते हैं। उसके परे देखने का धैर्य हममें नहीं रहता और इसलिये हम दुष्ट और अनैतिक हो जाते हैं। यह हमारी कमजोरी है—शक्तिहीनता है।

स्वार्थपरता ही अर्थात् स्वयं के संबंध में पहले सोचना बड़ा पाप है। जो मनुष्य यह सोचता रहता है कि 'मैं ही पहले खा लूं, मुझे ही सबसे अधिक धन मिल जाए, मैं ही सर्वस्व का अधिकारी बन जाऊं, मेरी ही सबसे पहले मुक्ति हो जाए तथा मैं ही औरों से पहले सीधा स्वर्ग को चला जाऊं, वही व्यक्ति स्वार्थी है। नि:स्वार्थ व्यक्ति तो यह कहता है, 'मुझे अपनी चिन्ता नहीं है, मुझे स्वर्ग जाने की भी आकांक्षा नहीं है, यदि मेरे नरक में जाने से भी किसी को लाभ हो सकता है, तो मैं उसके लिये भी तैयार हूं।' यह नि:स्वार्थता ही धर्म की कसौटी है। जिसमें जितनी अधिक नि:स्वार्थपरता है, वह उतना ही आध्यात्मिक है तथा उतना ही शिव

के समीप है। चाहे वह पण्डित हो या मूर्ख, शिव का सामीप्य दूसरों की अपेक्षा उसे ही प्राप्त है, उसे चाहे इसका ज्ञान हो या न हो। परन्तु इसके विपरीत यदि कोई मनुष्य स्वार्थी है, तो चाहे उसने संसार के सब मन्दिरों के ही दर्शन क्यों न किये हों, सारे तीर्थ क्यों न गया हो और रंग-भभूत रमाकर अपनी शक्ल चीते-जैसी क्यों न बना ली हो, शिव से वह बहुत दूर है।

प्रत्येक सफल मनुष्य के स्वभाव में कहीं-न-कहीं विशाल सच्चरित्रता और सत्यनिष्ठा छिपी रहती है और उसी के कारण उसे जीवन में इतनी सफलता मिलती है। वह पूर्णतया स्वार्थहीन न भी रहा हो, पर वह उसकी ओर अग्रसर हो रहा था। यदि वह पूर्ण रूप से स्वार्थहीन होता, तो उसकी सफलता वैसी ही महान् होती, जैसी बुद्ध या ईसा की। सर्वत्र नि:स्वार्थता की मात्रा पर ही सफलता की मात्रा निर्भर करती है।

सदा विस्तार करना ही जीवन है और संकुचन मृत्यु। जो अपना ही स्वार्थ देखता है, आरामतलब है, आलसी है, उसके लिए नरक में भी जगह नहीं है।

प्रेम ही लाभकारी है

जरूरत है—केवल प्रेम, निष्ठा तथा धैर्य की। जीवन का अर्थ ही विकास अर्थात विस्तार यानी प्रेम है। अत: प्रेम ही जीवन है, यही जीवन का एकमात्र नियम है और स्वार्थपरता ही मृत्यु है। इहलोक एवं परलोक में यही बात सत्य है। परोपकार ही जीवन है, परोपकार न करना ही मृत्यु है। जितने नरपशु तुम देखते हो, उनमें 90% मृत हैं, वे प्रेत हैं, क्योंकि मेरे बच्चों, जिसमें प्रेम नहीं है, वह जी भी नहीं सकता। मेरे बच्चो, सबके लिये तुम्हारे दिल में दर्द हो—गरीब, मूर्ख एवं पददलित मनुष्यों के दु:ख को तुम महसूस करो, तब तक महसूस करो, जब तक तुम्हारे हृदय की धड़कन न रुक जाए, मस्तिष्क चकराने न लगे और तुम्हें ऐसा प्रतीत होने लगे कि तुम पागल हो जाओगे—फिर ईश्वर के चरणों में अपना दिल खोलकर रख दो, और

तब तुम्हें शक्ति सहायता और अदम्य उत्साह की प्राप्ति होगी। गत दस वर्षों से मैं अपना मूलमन्त्र घोषित करता आया हूं—संघर्ष करते रहो और अब भी मैं कहता हूं कि अविराम संघर्ष करते चलो। जब चारों ओर अन्धकार-ही-अन्धकार दीखता था, तब मैं कहता था—संघर्ष करते रहो, अब जब थोड़ा-थोड़ा उजाला दिखाई दे रहा है, तब भी मैं कहता हूं कि संघर्ष करते चलो। डरो मत मेरे बच्चो! अनन्त नक्षत्रखचित आकाश की ओर भयभीत दृष्टि से ऐसे मत ताको, जैसे कि वह हमें कुचल ही डालेगा। धीरज धरो। देखोगे कि कुछ ही घण्टों में वह सब-का-सब तुम्हारे पैरों तले आ गया है। धीरज धरो, न धन से काम होता है, न नाम से, न यश काम आता है, न विद्या, प्रेम से ही सब कुछ होता है। चरित्र ही कठिनाइयों की संगीन दीवारें तोड़कर अपना रास्ता बना सकता है। मनुष्य के लिए जिस मनुष्य का जी नहीं दुखता, वह अपने को मनुष्य कैसे कहता है?

कर्तव्य का पालन शायद ही कभी मधुर होता हो। कर्तव्य-चक्र तभी हल्का और आसानी से चलता है, जब उसके पहियों से प्रेम रूपी चिकनाई लगी रहती है, अन्यथा वह एक अविराम घर्षण मात्र है। यदि ऐसा न हो, तो माता-पिता अपने बच्चों के प्रति, बच्चे अपने माता-पिता के प्रति, पति अपनी पत्नी के प्रति तथा पत्नी अपने पति के प्रति अपना-अपना कर्तव्य कैसे निभा सकेंगे? क्या इस घर्षण के उदाहरण हमें अपने दैनिक जीवन में सदैव दिखायी नहीं देते? कर्तव्य-पालन की मधुरता प्रेम ही है, प्रेम का विकास केवल स्वतंत्रता में ही होता है। पर सोचो तो जरा इन्द्रियों का, क्रोध का, ईर्ष्या का तथा मनुष्य के जीवन में प्रतिदिन होने वाली अन्य सैकड़ों छोटी-छोटी बातों का गुलाम होकर रहना क्या स्वतंत्रता है? अपने जीवन के इन सारे क्षुद्र संघर्षों में सहिष्णु बने रहना ही स्वतंत्रता की सर्वोच्च अभिव्यक्ति है। स्त्रियां स्वयं अपने चिड़चिड़े तथा ईर्ष्यापूर्ण स्वभाव की गुलाम होकर अपने पतियों को दोष दिया करती हैं। वे दावा करती हैं कि हम स्वाधीन हैं, पर वे नहीं जानती कि ऐसा करके वे

स्वयं को निरी गुलाम सिद्ध कर रही हैं और यही हाल उन पतियों का भी है, जो सदा अपनी स्त्रियों में दोष ही देखा करते हैं।

प्रेम कभी निष्फल नहीं होता मेरे बच्चे, कल हो या परसों या युगों बाद, पर सत्य की विजय अवश्य होगी। प्रेम ही मैदान जीतेगा। क्या तुम अपने भाई—मनुष्य जाति—को प्यार करते हो? ईश्वर को कहां ढूंढ़ने चले-ये सब गरीब, दुखी, दुर्बल क्या ईश्वर नहीं है? पहले इन्हीं की पूजा क्यों नहीं करते? गंगा-तट पर कुआं खोदने क्यों जाते हो? प्रेम की असाध्य-साधिनी शक्ति पर विश्वास करो। इस झूठी जगमगाहट वाले नाम-यश की परवाह कौन करता है? समाचार-पत्रों में क्या छपता है, क्या नहीं, इसकी मैं कभी खबर नहीं लेता? क्या तुम्हारे पास प्रेम है? तब तुम सर्वशक्तिमान हो। क्या तुम पूर्णतः निःस्वार्थ हो? यदि हां, तो फिर तुम्हें कौन रोक सकता है? चरित्र की ही सर्वत्र विजय होती है। भगवान ही समुद्र के तल में भी अपनी सन्तानों की रक्षा करते हैं। तुम्हारे देश के लिये वीरों की आवश्यकता है—वीर बनो।

व्यष्टि (व्यक्ति) का जीवन समष्टि (समाज) के जीवन पर निर्भर हैं, समष्टि के सुख में व्यष्टि का सुख निहित है, समष्टि के बिना व्यष्टि का अस्तित्व ही असम्भव है, यही अनन्त सत्य जगत् का मूल आधार है। अनन्त समष्टि के साथ सहानुभूति रखते हुये उसके सुख में सुख और उसके दुःख में दुःख मानकर धीरे-धीरे आगे बढ़ना ही व्यष्टि का एकमात्र कर्तव्य है। और कर्तव्य ही क्यों? इस नियम का उल्लंघन करने से उसकी मृत्यु होती है और पालन करने से वह अमर होता है।

यदि इस संसाररूपी नरककुण्ड में एक दिन के लिये भी किसी व्यक्ति के चित्त में थोड़ा-सा आनन्द एवं शान्ति प्रदान की जा सके, तो उतना ही सत्य है, आजन्म में तो यही देख रहा हूं—बाकी सब कुछ व्यर्थ की कल्पनाएं है।

दुर्बलता ही मृत्यु है

कमजोर न तो इहलोक के योग्य है, न किसी परलोक के। दुर्बलता से मनुष्य गुलाम बनता है। दुर्बलता से ही सब प्रकार के शारीरिक और मानसिक दु:ख आते हैं। दुर्बलता ही मृत्यु है। लाखों-करोड़ों कीटाणु हमारे आसपास हैं, परन्तु जब तक हम दुर्बल नहीं होते, जब तक शरीर उनके उपयुक्त नहीं होता, तब तक वे हमें कोई हानि नहीं पहुंचा सकते। ऐसे करोड़ों दु:खरूपी कीटाणु हमारे आसपास क्यों न मंडराते रहें, कुछ चिन्ता न करो। जब तक हमारा मन कमजोर नहीं होता, तब तक उनकी हिम्मत नहीं कि वे हमारे पास फटकें, उनमें ताकत नहीं कि वे हम पर हमला करें। यह एक बड़ा सत्य है कि बल ही जीवन है और दुर्बलता ही मरण। बल ही अनन्त सुख तथा अमर और शाश्वत जीवन है और दुर्बलता ही मृत्यु।

देखो, हम सभी कैसे बहेलिये द्वारा खदेड़े हुये खरगोश की भांति भागते हैं, उसी की भांति मुंह छिपाकर अपने को निरापद मानते हैं। ऐसे ही जो यह समग्र संसार भीषण देखता है, देखो, कैसे उससे भागने की चेष्टा करता है। एक बार मैं काशी में एक जगह से गुजर रहा था, वहां एक ओर बड़ा तालाब और दूसरी तरफ एक ऊंची दीवाल थी। उस स्थान पर बहुत-से बन्दर थे। काशी के बन्दर बड़े-बड़े होते हैं और कभी-कभी बड़े दुष्ट भी। उन्होंने मुझे उस रास्ते पर से न जाने देने का निश्चय किया। वे विकट चीत्कार करने लगे और आकर मेरे पैरों से लिपटने लगे। उन्हें देखकर मैं भागने लगा, किन्तु मैं जितना तेज दौड़ने लगा, वे उससे अधिक तेजी से आकर मुझे काटने लगे। उनके हाथ से छुटकारा पाना असम्भव-सा लगा। ठीक तभी एक अपरिचित व्यक्ति ने मुझे आवाज दी, 'बन्दरों का सामना करो', और मैं जैसे ही पलटकर उनके सामने खड़ा हुआ, वे पीछे हटकर भाग गये। जीवन में हमको यह शिक्षा लेनी होगी—जो कुछ भयानक है, उसका सामना करना पड़ेगा, साहसपूर्वक उसके सामने खड़ा होना पड़ेगा। जैसे बन्दरों के सामने से न भागकर

उनका सामना करने पर वे भाग गये, वैसे ही हमारे जीवन में जो कुछ कष्टप्रद बातें हैं, उनका सामना करने पर, वे भाग जाती है। यदि हमें कभी स्वाधीनता पानी हो, तो हम प्रकृति को जीत कर ही उसे प्राप्त करेंगे, प्रकृति से भागकर नहीं। कापुरुष कभी विजय नहीं हो सकता। हमें भय, कष्ट और अज्ञान के साथ संग्राम करना होगा, तभी वे हमारे सामने से भाग जाएंगे।

शक्ति ही वह वस्तु है जिसकी हमें जीवन में इतनी जरूरत है। क्योंकि हम जिसे पाप या दु:ख मान बैठे हैं, उसके मूल में हमारी दुर्बलता ही है। दुर्बलता अज्ञान का और अज्ञान दु:ख का जनक है। यह उपासना ही हमें शक्ति देगी। फलत: दु:ख हमारे लिये उपहासास्पद होगा, हिंसकों की हिंसा की हम हंसी उड़ायेंगे और खूंखार चीता अपनी हिंसक प्रवृत्ति के भीतर मेरी अपनी आत्मा को ही अभिव्यक्त करने लगेगा।

हे मेरे युवा मित्रो! तुम बलवान बनो—तुम्हारे लिये मेरा यही उपदेश है। गीता-पाठ करने की अपेक्षा फुटबाल खेलने से तुम स्वर्ग के कहीं अधिक निकट होंगे। मैंने बड़े साहसपूर्वक ये बातें कही हैं और इनको कहना अत्यावश्यक है। इसलिए कि मैं तुमको प्यार करता हूं। मैं जानता हूं कि कंकड़ कहां चुभता है। मैंने कुछ अनुभव प्राप्त किया है। बलवान शरीर तथा मजबूत पुट्ठों से तुम गीता को अधिक समझ सकोगे। शरीर में ताजा रक्त रहने से तुम कृष्ण की महती प्रतिभा और महान् तेजस्विता को अच्छी तरह समझ सकोगे। जिस समय तुम्हारा शरीर तुम्हारे पैरों के बल दृढ़ भाव से खड़ा होगा, जब तुम अपने को मनुष्य समझोगे, तब तुम उपनिषद और आत्मा की महिमा भलीभांति समझोगे।

संसार के पाप-अत्याचार आदि की बातें मन में न लाओ, बल्कि रोओ कि तुम्हें जगत् में अब भी पाप दिखता है। रोओ कि तुम्हें अब भी सर्वत्र अत्याचार दिखायी पड़ता है। यदि तुम जगत् का भला करना चाहते हो, तो उस पर दोषारोपण करना छोड़ दो। उसे और भी

दुर्बल मत करो। आखिर ये सब पाप दु:ख आदि हैं क्या? ये सब दुर्बलता के ही फल हैं। लोग बचपन से ही शिक्षा पाते हैं कि वे दुर्बल हैं, पापी हैं। ऐसी शिक्षा से संसार दिन-पर-दिन दुर्बल होता जा रहा है। उन्हें बताओ कि वे सब उसी अमृत की सन्तान हैं—और तो और, जिसमें आत्मा का प्रकाश अत्यन्त क्षीण है, उसे भी यही शिक्षा दो। बचपन से ही मस्तिष्क में ऐसे विचार प्रविष्ट हो जाए, जिनसे उनकी सच्ची सहायता हो सके, जो उनको सबल बना दे, जिनसे उनका कुछ यथार्थ हित हो। दुर्बलता और अवसाद-कारक विचार उनके मन में प्रवेश ही न करें। सच्चिदानन्द के स्रोत में शरीर को बहा दो, मन से सर्वदा कहते रहो, 'मैं ही वह हूं, मैं ही वह हूं।' तुम्हारे मन में दिन-रात यह बात संगीत की भांति झंकृत होती रहे और मृत्यु के समय भी तुम्हारे अधरों पर सोऽहं-सोऽहम् खेलता रहे। यही सत्य है—जगत् की अनन्त शक्ति तुम्हारे भीतर है। जो अन्धविश्वास तुम्हारे मन को ढंके हुए हैं, उन्हें भगा दो। साहसी बनो। सत्य को जानो और उसे जीवन में परिणत करो। चरम लक्ष्य भले ही बहुत दूर हो, पर उठो, जागो और जब तक ध्येय तक पहुंच न जाओ, तब तक मत रुको।

निर्बल व्यक्ति, जब सब गंवाकर अपने को कमजोर महसूस करते हैं, तब पैसे बनाने की बेसिर-पैर की तरकीबें अपनाते हैं और ज्योतिष आदि का सहारा लेते हैं। संस्कृत में कहावत है—"जो कापुरुष और मूर्ख है, वह कहता है यह भाग्य है। लेकिन बलवान पुरुष वह है, जो खड़ा हो जाता है और कहता है—मैं अपने भाग्य का निर्माण करूंगा।" जो लोग बूढ़े होने लगते हैं, वे भाग्य की बातें करते हैं। साधारणत: जवान आदमी ज्योतिष का सहारा नहीं लेते। हम लोग ग्रहों के प्रभाव में हो सकते हैं, पर इसका हमारे लिए अधिक महत्व नहीं है।

नक्षत्रों को आने दो, हानि क्या है? यदि कोई नक्षत्र हमारे जीवन में उथल-पुथल करता है, तो उसका मूल्य एक कौड़ी भी नहीं है। तुम अनुभव करोगे कि ज्योतिष और ये रहस्यमयी वस्तुयें बहुधा

दुर्बल मन की द्योतक हैं, अत: जब हमारे मन में इनका उभार हो, तब हमें किसी डॉक्टर के यहां जाना चाहिये, उत्तम भोजन और विश्राम करना चाहिये।

मैं जो भी शिक्षा देता हूं, उसके लिये मेरी पहली अनिवार्य शर्त है। जिस किसी वस्तु से आध्यात्मिक, मानसिक या शारीरिक दुर्बलता उत्पन्न हो, उसे पैर की अंगुलियों से भी मत छुओ। मनुष्य में जो स्वाभाविक बल है, उसकी अभिव्यक्ति धर्म है। असीम शक्ति का स्प्रिंग इस छोटी-सी काया में कुण्डली मारे विद्यमान है। वह स्प्रिंग अपने को फैला रहा है। और ज्यों-ज्यों यह फैलता है, त्यों-त्यों एक के बाद दूसरा शरीर अपर्याप्त होता जाता है, वह उनका परित्याग कर उच्चतर देह धारण करता है। यही है। मनुष्य का धर्म, सभ्यता या प्रगति का इतिहास। वह भीमकाय बद्धपाश प्रोमीथियस* अपने को बन्धन-मुक्त कर रहा है। यह सदैव बल की अभिव्यक्ति है और फलित ज्योतिष जैसी सभी कल्पनाओं को, यद्यपि उनमें सत्य का एक कण हो सकता है, दूर ही रखना चाहिये।

साहसी बनो

बहुत दिनों पहले मैंने समाचार-पत्रों में पढ़ा था कि प्रशान्त महासागर के एक द्वीपपुंज के निकट कुछ जहाज तूफान में फंस गये थे। 'सचित्र लन्दन समाचार' पत्रिका में इस घटना का एक चित्र भी आया था। तूफान में केवल एक ब्रिटिश जहाज को छोड़ अन्य सभी टूटकर डूब गये। वह ब्रिटिश जहाज तूफान पार कर चला आया। चित्र में दिखाया गया है कि जहाज डूबे जा रहे हैं, उनके डूबते हुये यात्री डेक पर खड़े होकर तूफान से बच जाने वाले यात्रियों को प्रोत्साहित कर रहे हैं। हमें इसी प्रकार वीर तथा उदार होना चाहिए।

जब भी अंधेरे का आक्रमण हो, अपनी आत्मा पर बल दो और जो कुछ प्रतिकूल है, नष्ट हो जाएगा, क्योंकि आखिर यह सब स्वप्न ही तो है। आपत्तियां पर्वत जैसी भले ही हों, सब कुछ भयावह और अन्धकारमय भले ही दिखे, पर जान लो, यह सब माया है। डरो मत,

यह भाग जाएगी। कुचलो और यह लुप्त हो जाएगी। ठुकराओ और यह मर जाएगी। डरो मत, यह न सोचो कि कितनी बार असफलता मिलेगी। चिन्ता न करो। काल अनन्त है। आगे बढ़ो, बारम्बार अपनी आत्मा पर बल दो। प्रकाश जरूर ही आयेगा। तुम चाहे किसी से भी प्रार्थना क्यों न करो, पर कौन तुम्हारी सहायता करेगा? जिसने स्वयं मृत्यु पर विजय नहीं पायी, उससे तुम किस सहायता की आशा करते हो? स्वयं ही अपना उद्धार करो। मित्र, दूसरा कोई तुम्हें मदद नहीं कर सकता, क्योंकि तुम स्वयं ही अपने सबसे बड़े शत्रु और स्वयं ही अपने सबसे बड़े हितैषी हो। तो फिर आत्मा का आश्रय लो। उठ खड़े हो जाओ, डरो मत।

वीरता के साथ आगे बढ़ो। एक दिन या एक साल में सिद्धि की आशा न रखो। उच्चतम आदर्श पर दृढ़ रहो। स्थिर रहो। स्वार्थपरता व ईर्ष्या से बचो। आज्ञापालक बनो। सत्य, मानवता और अपने देश के प्रति चिरकाल तक निष्ठावान बने रहो, और तुम संसार को हिला दोगे। याद रखो—व्यक्ति और उसका जीवन ही शक्ति का स्रोत है, इसके अतिरिक्त अन्य कुछ भी नहीं।...दास लोग सदा ही ईर्ष्या के रोग से ग्रसित रहते हैं। हमारे देश का भी यही रोग है। इससे हमेशा बचो। सब आशीर्वाद और सर्वसिद्धि तुम्हारी हो।

वीरता

मित्रो! पहले मनुष्य बनो, तब देखोगे कि बाकी सभी चीजें स्वयं ही तुम्हारा अनुसरण करेंगी। आपस के घृणित द्वेष-भाव को कुत्ते के सरीखे परस्पर झगड़ना तथा भौंकना छोड़कर भले उद्देश्य, सदुपाय, सत्साहस एवं सच्ची वीरता का अवलम्बन करो। तुमने मनुष्य योनि में जन्म लिया है, तो अपने पीछे कुछ स्थायी चिह्न छोड़ जाओ—

तुलसी आये जगत् में, जगत् हंसे तुम रोय।
ऐसी करनी कर चलो, आप हंस जग रोय॥

अगर ऐसा कर सको, तभी तुम मनुष्य हो, अन्यथा तुम किस काम के हो?

"दुनिया चाहे जो कहे, मुझे क्या परवाह! मैं तो अपना कर्तव्य-पालन करता चला जाऊंगा"—यही वीरों की बात है। "वह क्या कहता है" या "क्या लिखता है"—यदि ऐसी ही बातों पर कोई रात-दिन ध्यान देता रहे, तो संसार में कोई महान् कार्य नहीं हो सकता। क्या तुमने भर्तृहरि का यह श्लोक सुना है—

निन्दन्तु नीतिनिपुणा: यदि वा स्तुवन्तु,
लक्ष्मी: समाविशतु गच्छतु वा यथेष्टम्।
अद्यैव वा मरणमस्तु युगान्तरे वा,
न्यायात्पथ: प्रविचलन्ति पदं न धीरा:॥

नीतिकुशल लोग तुम्हारी निन्दा करें या स्तुति, लक्ष्मी तुम पर कृपालु हों या जहां खुशी चली जाएं, तुम्हारी मृत्यु आज हो या अगले युग में, परन्तु न्यायपथ से कभी विचलित न होना। कितने ही तूफान पार करने पर मनुष्य शान्ति के राज्य में पहुंचता है। जिसे जितना बड़ा होना है, उसके लिये उतनी ही कठिन परीक्षा रखी गयी है। परीक्षा रूपी कसौटी पर उसका जीवन कसने पर ही जगत् ने उसको महान् कहकर स्वीकार किया है। जो भीरु या कापुरुष होते हैं, वे समुद्र की लहरों को देखकर अपनी नाव को किनारे पर ही रखते हैं। जो महावीर होते हैं, वे क्या किसी बात पर ध्यान देते हैं?"जो कुछ होना है सो हो, मैं अपना इष्टलाभ करके ही रहूंगा" यही यथार्थ पुरुषार्थ है। इस पुरुषार्थ के हुए बिना कोई भी दैवी सहायता तुम्हारी जड़ता को दूर नहीं कर सकती।

इस जीवन में जो सर्वदा हताशचित्त रहते हैं, उनसे कोई भी कार्य नहीं हो सकता। वे जन्म-जन्मान्तर में हाय, हाय करते हुए आते हैं और चले जाते है। *वीरभोग्या वसुन्धरा* अर्थात वीर लोग ही वसुन्धरा का भोग करते हैं—यह वचन नितान्त सत्य है। वीर बनो, सर्वदा कहो, 'अभी:'—मैं निर्भय हूं। सबको सुनाओ—'माभै:'— भय न करो। भय ही मृत्यु है, भय ही पाप, भय ही नरक, भय ही अधर्म तथा भय ही व्यभिचार है। संसार में जो भी नकारात्मक या

बुरे भाव हैं, वे सब इस भयरूप शैतान से उत्पन्न हुए हैं। इस भय ने ही सूर्य के सूर्यत्व को, वायु के वायुत्व को, यम के यमत्व को अपने-अपने स्थान पर रख छोड़ा है, अपनी- अपनी सीमा से किसी को बाहर नहीं जाने देता।

यह शरीर धारणकर तुम कितने ही सुख-दुःख तथा सम्पद-विपद की तरंगों में बहाये जाओ, पर ध्यान रखना ये सभी क्षणस्थायी हैं। इन सबको अपने ध्यान में भी नहीं लाना।

स्वयं पर विश्वास

आत्मविश्वास का आदर्श ही हमारी सर्वाधिक सहायता कर सकता है। यदि यह 'आत्मविश्वास' और भी विस्तृत रूप से प्रचारित होता और कार्यरूप में परिणत हो जाता, तो मेरा दृढ़ विश्वास है कि जगत् में जितना दुःख और अशुभ है, उसका अधिकांश भाग लुप्त हो जाता। मानव-जाति के समग्र इतिहास में सभी महान् स्त्री-पुरुषों में यदि कोई महान् प्रेरणा सबसे अधिक सशक्त रही है, तो वह यही आत्मविश्वास है। वे इस ज्ञान के साथ पैदा हुए थे कि वे महान् बनेंगे और वे महान् बने भी। मनुष्य कितनी भी गिरी हुई अवस्था में क्यों न पहुंच जाए, एक ऐसा समय जरूर आता है, जब वह उससे आर्त होकर ऊर्ध्वगामी मोड़ लेता है और स्वयं में विश्वास करना सीखता है। पर हम लोगों को शुरू से ही इसे जान लेना अच्छा है।

जो व्यक्ति स्वयं से घृणा करने लगा है, उसके पतन का द्वार खुल चुका है, यही बात राष्ट्र के विषय में भी सत्य है।

हमारा पहला कर्तव्य यह है कि हम स्वयं से घृणा न करें, क्योंकि आगे बढ़ने के लिये यह आवश्यक है कि पहले हम स्वयं में विश्वास रखें और फिर ईश्वर में। जिसे स्वयं में विश्वास नहीं, उसे ईश्वर में कभी विश्वास नहीं हो सकता।

तुम जो कुछ सोचोगे, वही हो जाओगे, यदि तुम अपने को दुर्बल सोचोगे, तो दुर्बल हो जाओगे, बलवान सोचोगे, तो बलवान हो जाओगे। यदि तुम अपने को अपवित्र सोचोगे, तो अपवित्र हो जाओगे,

अपने को शुद्ध सोचोगे, तो शुद्ध हो जाओगे। इससे हमें यह शिक्षा मिलती है कि हम स्वयं को दुर्बल न समझें, प्रत्युत् अपने को बलवान, सर्वशक्तिमान और सर्वज्ञ मानें। यह भाव हममें चाहे अब तक प्रकट न हुआ हो, पर हममें है जरूर। हमारे भीतर सम्पूर्ण ज्ञान, सारी शक्तियां, पूर्ण पवित्रता और स्वाधीनता के भाव विद्यमान है। फिर हम इन्हें अपने जीवन में व्यक्त क्यों नहीं कर सकते? इसलिए कि उन पर हमारा विश्वास नहीं है। यदि हम उन पर विश्वास कर सकें, तो उनका विकास होगा—अवश्य होगा।

संसार का इतिहास उन थोड़े से व्यक्तियों का इतिहास है, जिनमें आत्मविश्वास था। यह विश्वास अन्त:स्थित देवत्व को ललकार कर प्रकट कर देता है, तब व्यक्ति कुछ भी कर सकता है, वह सर्वसमर्थ हो जाता है। असफलता तभी होती है, जब तुम अपने अन्त:स्थ अमोघ शक्ति को अभिव्यक्त करने की यथेष्ट चेष्टा नहीं करते। जिस क्षण व्यक्ति या राष्ट्र आत्मविश्वास खो देता है, तो उसी क्षण उसकी मृत्यु आ जाती है।

अनुकरण बुरा है

मेरे मित्रो! एक बात तुमको और समझ लेनी चाहिए और वह यह कि हमें अन्य राष्ट्रों से अवश्य ही बहुत-कुछ सीखना है। जो व्यक्ति कहता है कि मुझे कुछ नहीं सीखना है, समझ लो कि वह मृत्यु की राह पर है। जो राष्ट्र कहता है कि हम सर्वज्ञ हैं, समझो उसका पतन हो गया! जब तक जीना है, तब तक सीखना है। पर एक बात अवश्य ध्यान में रख लेने की है कि जो कुछ सीखना है, उसे अपने सांचे में ढाल लेना है। अपने असल तत्व को सदा बचाकर फिर बाकी चीजें सीखनी होंगी।

कोई दूसरे को सिखा नहीं सकता। तुम्हें स्वयं ही सत्य का अनुभव करना है और उसे अपनी प्रकृति के अनुसार विकसित करना है। सभी को अपने व्यक्तित्व के विकास का, अपने पैरों पर खड़े होने का, अपने विचार स्वयं सोचने का और अपनी आत्मा को प्राप्त करने

का प्रयास करना चाहिए। जेलबद्ध सैनिकों की भांति एक साथ खड़े होने, एक साथ बैठने, एक साथ भोजन करने और एक साथ सिर हिलाने के समान, दूसरों के दिए हुए सिद्धान्तों को निगलने से क्या लाभ! विविधता जीवन का चिह्न है, एकरूपता मृत्यु की निशानी है।

दूसरे की नकल करना सभ्यता नहीं है, यह एक महान् स्मरणीय पाठ है। अनुकरण, कायरतापूर्ण, अनुकरण कभी उन्नति के पथ पर आगे नहीं बढ़ा सकता। यह तो निश्चित रूप से मनुष्य के अध:पतन का लक्षण है।

...हमें अवश्य दूसरों से अनेक बातें सीखनी होंगी। जो सीखना नहीं चाहता, वह तो पहले ही मर चुका है। औरों के पास जो कुछ भी अच्छा पाओ, सीख लो, पर उसे अपने भाव के सांचे में ढालकर लेना होगा। दूसरे की शिक्षा ग्रहण करते समय उसके ऐसे अनुगामी न बनो कि अपनी स्वतंत्रता ही गंवा बैठो। भारतीय जीवन-पद्धति को छोड़ मत देना। पल भर के लिये भी ऐसा न सोचना कि भारतवर्ष के सभी निवासी यदि अमुक जाति की वेशभूषा धारण कर लेते या अमुक जाति के आचार-व्यवहार आदि के अनुगामी बन जाते, तो बड़ा अच्छा होता।

बीज को भूमि में बो दिया गया और उसके चारों ओर मिट्टी, वायु तथा जल रख दिये गये, तो क्या वह बीज मिट्टी हो जाता है, या वायु अथवा जल बन जाता है? नहीं, वह तो वृक्ष ही होता है, वह अपनी वृद्धि के नियम से ही बढ़ता है—वायु, जल और मिट्टी को अपने में पचाकर, उनको उद्भिज पदार्थ में परिवर्तित करके वह एक वृक्ष हो जाता है। प्रत्येक को चाहिए कि वह दूसरों के सार-भाग को आत्मसात् करके पुष्टि-लाभ करे और अपने वैशिष्टय की रक्षा करते हुए अपनी निजी वृद्धि के नियम के अनुसार विकास करे।

नैतिकता क्या है?

सभी नीति-शास्त्रों में एक ही भाव भिन्न-भिन्न रूप से प्रकट हुआ है और वह है दूसरों का उपकार करना। मनुष्य के प्रति, सारे

प्राणियों के प्रति दया ही मानव-जाति के समस्त सत्कर्मों का प्रेरक है और ये सब 'मैं ही विश्व हूं' और 'यह विश्व अखण्ड है'—इसी सनातन सत्य के विभिन्न भाव मात्र हैं। यदि ऐसा न हो, तो दूसरों का हित करने में भला कौन-सी युक्ति है? मैं क्यों दूसरों का उपकार करूं? परोपकार करने को मुझे कौन बाध्य करता है? सर्वत्र समदर्शन से उत्पन्न सहानुभूति की जो भावना है, उसी से यह बात सिद्ध होती है। अत्यन्त कठोर अन्त:करण भी कभी दूसरों के प्रति सहानुभूति से भर जाता है। और तो और, जो व्यक्ति 'यह आपात-प्रतीयमान व्यक्तित्व वास्तव में भ्रम मात्र है, इस भ्रमात्मक व्यक्तित्व में आसक्त रहना अत्यन्त गर्हित कार्य है'—ये सब बातें सुनकर भयभीत हो जाता है, वही व्यक्ति तुमसे कहेगा कि सम्पूर्ण आत्मत्याग ही सारी नैतिकता का केन्द्र है।

परन्तु पूर्ण आत्मत्याग क्या है? सम्पूर्ण आत्मत्याग हो जाने पर क्या शेष रहता है? आत्मत्याग का अर्थ है, इस मिथ्या आत्मा या 'व्यक्तित्व' का त्याग, सब प्रकार की स्वार्थ-परता का त्याग। यह अहंकार और ममता पूर्व कुसंस्कारों के फल हैं और जितना ही इस 'व्यक्तित्व' का त्याग होता जाता है, उतनी ही आत्मा अपने नित्य स्वरूप में, अपनी पूर्ण महिमा में अभिव्यक्त होती है। यही वास्तविक आत्मत्याग है और यही समस्त नैतिक शिक्षा का केन्द्र, आधार और सार है। मनुष्य इसे जाने या न जाने, समस्त जगत् धीरे-धीरे इसी दिशा में जा रहा है, अल्पाधिक परिमाण में इसी का अभ्यास कर रहा है। बात केवल इतनी ही है कि अधिकांश लोग इसे अचेतनपूर्वक कर रहे हैं। वे इसे चेतनपूर्वक करें। यह 'मैं और मेरा' प्रकृत आत्मा नहीं, बल्कि मात्र एक सीमाबद्ध भाव है, यह जानकर वे इस मिथ्या व्यक्तित्व को त्याग दें। आज जो मनुष्य रूप में परिचित है, वह उस जगदातीत अनन्त सत्ता की एक झलक मात्र है, उस सर्वस्वरूप अनन्त अग्नि का एक स्फुलिंग मात्र है, वह अनन्त ही उसका सच्चा स्वरूप है।

परोपकार ही धर्म है, परपीड़न ही पाप। शक्ति और पौरुष पुण्य

है, कमजोरी और कायरता पाप। स्वतंत्रता पुण्य है, पराधीनता पाप। दूसरों से प्रेम करना पुण्य है, दूसरों से घृणा करना पाप। परमात्मा में तथा स्वयं में विश्वास पुण्य हैं, सन्देह करना पाप। एकत्व-बोध पुण्य है, अनेकता देखना ही पाप। विभिन्न शास्त्र केवल पुण्य-प्राप्ति के ही साधन बताते हैं। किसी भी धर्म अथवा किसी भी आचार्य द्वारा किसी भी भाषा में उपदिष्ट सारे नीतिशास्त्रों का मूल तत्व है—'नि:स्वार्थ बनो', 'मैं' नहीं, वरन 'तु'—'यही भाव' सारे नीतिशास्त्र का आधार है और इसका तात्पर्य है, व्यक्तित्व के अभाव की स्वीकृति यह भाव आना कि तुम मेरे अंग हो और मैं तुम्हारा, तुमको चोट लगने से मुझे चोट लगेगी और तुम्हारी सहायता करके मैं अपनी ही सहायता करूंगा, जब तक तुम जीवित हो, मेरी मृत्यु नहीं हो सकती। जब तक इस विश्व में एक कीट भी जीवित रहेगा, मेरी मृत्यु कैसे हो सकती है? क्योंकि उस कीट के जीवन में भी तो मेरा जीवन है! साथ ही यह भी सिखाता है कि हम अपने साथ जीने वाले किसी भी प्राणी की सहायता किये बिना नहीं रह सकते, क्योंकि उसके हित में ही हमारा भी हित समाहित है।

मनुष्य को नैतिक और पवित्र क्यों होना चाहिये? इसलिए कि इससे उसकी संकल्प-शक्ति बलवती होती है। मनुष्य की भली प्रकृति को अभिव्यक्त करते हुए उसकी संकल्प-शक्ति को सबल बनाने वाली हर चीज नैतिक है और इसके विपरीत करनेवाली हर चीज अनैतिक है।

आदर्श को पकड़े रहो

आदर्श की उपलब्धि के लिए सच्ची इच्छा—यही पहला बड़ा कदम है। इसके बाद बाकी सब कुछ सहज हो जाता है। संघर्ष एक बड़ा पाठ है। याद रखो, संघर्ष इस जीवन में बड़ा लाभदायक है। हम संघर्ष में से होकर ही अग्रसर होते हैं—यदि स्वर्ग के लिये कोई मार्ग है, तो वह नरक में से होकर जाता है। नरक से होकर स्वर्ग—यही सदा का रास्ता है। जब जीवात्मा परिस्थितियों का सामना करते हुए

मृत्यु को प्राप्त होती है, जब मार्ग में इस प्रकार सहस्त्रों बार मृत्यु होने पर भी वह निर्भिकता से संघर्ष करती हुई आगे बढ़ती जाती है, तब वह परम शक्तिशाली बन जाती है और उस आदर्श पर हंसती है, जिसके लिये वह अभी तक संघर्ष कर रही थी, क्योंकि वह जान लेती है कि वह स्वयं उस आदर्श से कहीं अधिक श्रेष्ठ है। स्वयं मेरी आत्मा ही लक्ष्य है, अन्य और कुछ भी नहीं, क्योंकि ऐसा क्या है, जिसके साथ मेरी आत्मा की तुला हो सके ? सुवर्ण की एक थैली क्या कभी मेरा आदर्श हो सकती है ? कदापि नहीं ! मेरी आत्मा ही मेरा सर्वोच्च ध्येय है। अपने प्रकृत स्वरूप की अनुभूति ही मेरे जीवन का एकमात्र ध्येय है।

दुनिया में ऐसी कोई वस्तु नहीं, जो पूर्णतया बुरी हो। यहां शैतान और ईश्वर—दोनों के लिये ही स्थान है, अन्यथा शैतान यहां होता ही नहीं। जैसे मैंने तुमसे कहा ही है, हम नरक में से होकर ही स्वर्ग की ओर कूच करते हैं। हमारी भूलों की ही यहां उपयोगिता है। बढ़े चलो ! यदि तुम सचेत हो कि तुमने कोई गलत कार्य किया है, तो भी पीछे मुड़कर मत देखो। यदि पहले तुमने ये गलतियां न की होती, तो क्या तुम मानते हो कि आज तुम जैसे हो, वैसे हो पाते ? अत: अपनी भूलों को आशीर्वाद दो। वे अदृश्य देवदूतों के समान रही हैं। धन्य हो दु:ख। धन्य हो सुख ! चिन्ता न करो कि तुम्हारे मत्थे क्या आता है। आदर्श को पकड़े रहो। बढ़ते चलो ! छोटी-छोटी बातों और भूलों पर ध्यान न दो। हमारी इस रणभूमि में भूलों की धूल तो उड़ेगी ही। जो इतने नाजुक हैं कि धूल सहन नहीं कर सकते, उन्हें पंक्ति से बाहर चले जाने दो।

यदि एक आदर्श पर चलने वाला व्यक्ति हजार भूलें करता है, तो यह निश्चित है कि जिसका कोई भी आदर्श नहीं है, वह पचास हजार भूलें करेगा। अत: एक आदर्श रखना अच्छा है। इस आदर्श सम्बन्ध में जितना हो सके, सुनना होगा, तब तक सुनना होगा, जब तक कि वह हमारे अन्दर प्रवेश नहीं कर जाता, हमारे मस्तिष्क में पैठ

नहीं जाता, जब तक वह हमारे रक्त में घुसकर उसकी एक-एक बूंद में घुल-मिल नहीं जाता, जब तक वह हमारे शरीर के अणु-परमाणु में ओतप्रोत नहीं हो जाता। अतः पहले हमें यह आत्मतत्व सुनना होगा। कहा है, "हृदय पूर्ण होने पर मुख बोलने लगता है" और हृदय के इस प्रकार पूर्ण होने पर हाथ भी कार्य करने लगते हैं।

विचार ही हमारी कार्य-प्रवृत्ति की प्रेरक-शक्ति है। मन को सर्वोच्च विचारों से भर लो, दिन-पर-दिन इन्हीं भावों को सुनते रहो, माह-पर-माह इन्हीं का चिन्तन करो। प्रारम्भ में सफलता न भी मिले, पर कोई हानि नहीं, यह असफलता तो बिल्कुल स्वाभाविक है, यह मानव-जीवन का सौन्दर्य है। इन असफलताओं के बिना जीवन क्या होता? यदि जीवन में इस असफलता को जय करने की चेष्टा न रहती, तो जीवन धारण करने का कोई प्रयोजन ही न रह जाता। उसके न रहने पर जीवन का कवित्व कहां रहता? यह असफलता, यह भूल रहने से हर्ज भी क्या? मैंने गाय को कभी झूठ बोलते नहीं सुना, पर वह सदा गाय ही रहती है, मनुष्य कभी नहीं हो जाती। अतः यदि बार-बार असफल हो जाओ, तो भी क्या? कोई हानि नहीं, हजार बार इस आदर्श को हृदय में धारण करो और यदि हजार बार भी असफल हो जाओ, तो एक बार फिर प्रयत्न करो। सब जीवों में ब्रह्मदर्शन ही मनुष्य का आदर्श है। यदि सब वस्तुओं में उसको देखने में तुम सफल न होओ, तो कम-से-कम एक ऐसे व्यक्ति में, जिसे तुम सर्वाधिक प्रेम करते हो, उसका दर्शन करने का प्रयत्न करो, तदुपरान्त दूसरों में उसका दर्शन करने की चेष्टा करो। इसी प्रकार तुम आगे बढ़ सकते हो। आत्मा के सम्मुख तो अनन्त जीवन पड़ा हुआ है—अध्यवसाय के साथ लगे रहने पर तुम्हारी मनोकामना अवश्य पूर्ण होगी।

एक विचार लो, उसी को अपना जीवन बनाओ—उसी का चिन्तन करो, उसी का स्वप्न देखो और उसी में जीवन बिताओ। तुम्हारा मस्तिष्क, स्नायु तथा शरीर के सर्वाङ्ग उसी विचार से पूर्ण

रहें। दूसरे सारे विचार छोड़ दो। यही सिद्ध होने का उपाय है और इसी उपाय से बड़े-बड़े धर्मवीरों की उत्पत्ति हुई है। बाकी लोग बातें करनेवाली मशीनें मात्र हैं।

आदर्श-पालन में जीवन की व्यावहारिकता है। हम चाहे दार्शनिक सिद्धान्त प्रतिपादित करें या दैनन्दिन जीवन के कठोर कर्तव्यों का पालन करें, परन्तु हमारे सम्पूर्ण जीवन में आदर्श ही ओतप्रोत रूप में विद्यमान रहता है। इसी आदर्श की किरणें सीधी अथवा वक्र गति से प्रतिबिम्बित तथा परावर्तित होकर मानो हमारे प्रत्येक रंध्र तथा वातायन से होकर जीवन-गृह में प्रवेश करती रहती है और हमें जानकर या अनजाने उसी के प्रकाश में अपना प्रत्येक कार्य करना पड़ता है, प्रत्येक वस्तु को उसी के द्वारा परिवर्तित, परिवर्द्धित या विरूपित देखना पड़ता है। हम अभी जैसे हैं, वैसा आदर्श ने ही बनाया है अथवा भविष्य में जैसे होने वाले हैं, वैसा आदर्श ही बना देगा। आदर्श की शक्ति ने ही हमें आवृत्त कर रखा है तथा अपने सुखों में या अपने दुःखों में, अपने महान् कार्यों में या अपने निकृष्ट कार्यों में, अपने गुणों में या अपने अवगुणों में, हम उसी शक्ति का अनुभव करते हैं।

एकाग्रता की शक्ति

मनुष्य और पशु में मुख्य अन्तर उनके मनों की एकाग्रता की शक्ति में है। किसी भी प्रकार के कार्य में सारी सफलता इसी एकाग्रता का परिणाम है। प्रत्येक व्यक्ति एकाग्रता के बारे में कुछ-न-कुछ जानता है। हम इसके परिणाम नित्य देखते हैं। कला, संगीत आदि में उच्च उपलब्धियां मन की एकाग्रता के परिणाम हैं। पशु में मन की एकाग्रता की शक्ति बहुत कम होती है। जो लोग पशुओं को कुछ सिखाते हैं, उन्हें पता है कि पशु को जो बात सिखायी जाती है, उसे वह लगातार भूलता जाता है। वह एक बार में किसी एक वस्तु पर देर तक चित्त को एकाग्र नहीं रख सकता। मनुष्य और पशु में यही अन्तर है— मनुष्य में चित्त की एकाग्रता की शक्ति अपेक्षाकृत अधिक है। एकाग्रता की शक्ति में अन्तर के कारण ही एक मनुष्य दूसरे से भिन्न होता है।

छोटे-से-छोटे आदमी की तुलना ऊंचे-से-ऊंचे आदमी से करो। अन्तर मन की एकाग्रता की मात्रा में होता है। बस, यही अन्तर है।

प्रत्येक व्यक्ति का मन कभी-न-कभी एकाग्र हो जाता है। जो चीजें हमें प्रिय होती हैं, उन पर हम मन लगाते हैं और जिन चीजों पर हम मन लगाते हैं, वे हमें प्रिय होती हैं। कौन ऐसी माता होगी, जो अपने कुरूप-से-कुरूप बच्चे के मुख से प्रेम न करती हो? उसके लिये वह मुखड़ा दुनिया में सुन्दरतम है। वह उससे प्रेम करती है, क्योंकि उस पर अपने मन को एकाग्र करती है और यदि सब लोग उसी चेहरे पर अपने मन को एकाग्र करें, तो सब उससे प्यार करने लगेंगे। सभी को वह चेहरा सुन्दरतम प्रतीत होने लगेगा। हम जिन्हें प्यार करते हैं, उन्हीं चीजों पर अपना मन एकाग्र करते हैं।

ऐसी एकाग्रता में सबसे बड़ी अड़चन यह है कि हम अपने मन को वश में नहीं करते, उल्टे उसी के वश में हम रहते हैं। मानो हमसे बाहर की कोई वस्तु मन को अपनी ओर खींच लेती है और जब तक चाहे पकड़े रहती है। सुरीली तान सुनने या सुन्दर चित्र देखने पर हमारा मन दृढ़तापूर्वक उसकी पकड़ में आ जाता है। हम वहां से उसे हटा नहीं सकते।

यदि मैं तुम्हारे पसन्द के विषय पर एक अच्छा व्याख्यान दूं, तो तुम्हारा मन मेरे वक्तव्य पर एकाग्र हो जाएगा। तुम न चाहो, तो भी मैं तुम्हारे मन को तुमसे बाहर निकाल करके उस विषय में जमा देता हूं। इसी प्रकार हमारे न चाहते हुए भी हमारा ध्यान खिंच जाया करता है और हमारा मन विभिन्न वस्तुओं पर एकाग्र होता रहता है। हम इसे रोक नहीं सकते।

अब प्रश्न यह है कि क्या यह एकाग्रता विकसित की जा सकती है और क्या हम मन के स्वामी बन सकते हैं? योगियों का कहना है—हां। योगी कहते हैं कि हम मन पर पूर्ण नियंत्रण कर सकते हैं। मन की एकाग्रता बढ़ाने से नैतिक धरातल पर खतरा है और वह है किसी वस्तु पर मन एकाग्र कर लेना और फिर इच्छानुसार उससे हटा

लेने में असमर्थ होना। इस अवस्था में बड़ा कष्ट होता है। हमारे प्रायः सभी क्लेशों का कारण हममें अनासक्ति की क्षमता का अभाव है। अतः मन की एकाग्रता की शक्ति के विकास के साथ-साथ हमें अनासक्ति की क्षमता का भी विकास करना होगा। सब ओर से मन को हटाकर किसी एक वस्तु में उसे आसक्त करना ही नहीं, वरन् एक क्षण में उससे निकाल कर किसी अन्य वस्तु में लगाना भी हमें अवश्य सीखना चाहिये। इसे निरापद बनाने के लिए इन दोनों का अभ्यास एक साथ बढ़ाना चाहिए। यह मन का सुव्यवस्थित विकास है।

मेरे विचार से तो शिक्षा का सार तथ्यों का संकलन नहीं, बल्कि मन की एकाग्रता प्राप्त करना है। यदि मुझे फिर से अपनी शिक्षा आरम्भ करनी हो और इसमें मेरा वश चले, तो मैं तथ्यों का अध्ययन कदापि न करूं। मैं मन की एकाग्रता और अनासक्ति की क्षमता अर्जित करूंगा और उपकरण के पूरी तौर से तैयार हो जाने पर उससे अपनी इच्छानुसार तथ्यों का संकलन करूंगा। बच्चे में मन की एकाग्रता तथा अनासक्ति का सामर्थ्य एक साथ विकसित होनी चाहिए।

संसार का यह समस्त ज्ञान मन की शक्तियों को एकाग्र करने के सिवा अन्य किस उपाय से प्राप्त हुआ है? यदि हमें केवल इतना ज्ञात हो कि प्रकृति के द्वार पर कैसे खटखटाना चाहिये—उस पर कैसे आघात देना चाहिये, तो बस, प्रकृति अपना सारा रहस्य खोल देती है। उस आघात की शक्ति और तीव्रता एकाग्रता से ही आती है। मानव-मन की शक्ति असीम है। वह जितना ही एकाग्र होता है, उतनी ही उसकी शक्ति एक लक्ष्य पर केन्द्रित होती है, यही रहस्य है।

मन को प्रशिक्षित करने का श्रीगणेश श्वास-क्रिया से होता है। नियमित श्वास-प्रश्वास से शरीर की दशा सन्तुलित होती है और इससे मन तक पहुंचने में आसानी होती है। प्राणायाम का अभ्यास करने में सबसे पहले आसन पर विचार किया जाता है। जिस आसन में कोई व्यक्ति देर तक सुखासीन रह सके, वही उसके लिए उपयुक्त

आसन है। मेरुदण्ड उन्मुक्त रहे और शरीर का भार पसलियों पर पड़ना चाहिए। मन को वश में करने के लिए तरह-तरह के उपायों का सहारा लेने का प्रयास मत करो, इसके लिए सहज श्वास-क्रिया ही यथेष्ट है।

समत्व भाव का विकास करो

किसी पर दया न करो। सबको अपने समान देखो। विषमता रूप आदिम पापों से स्वयं को मुक्त करो। हम सब समान हैं और हमें ऐसा नहीं सोचना चाहिये—''मैं भला हूं, तुम बुरे हो और मैं तुम्हारे पुनरूद्धार का प्रयत्न कर रहा हूं। साम्य भाव मुक्त पुरुष का लक्षण है।

केवल पापी ही पाप देखता है। मनुष्य को न देखो, केवल प्रभु को देखो। हम स्वयं अपना स्वर्ग बनाते हैं और नरक में भी स्वर्ग बना सकते हैं। पापी केवल नरक में ही मिलते हैं, और जब तक हम उन्हें अपने चारों ओर देखते हैं—तब तक हम स्वयं भी नरक में होते हैं। आत्मा न तो काल में है और न स्थान में। अनुभव करो, मैं पूर्ण सत्, पूर्ण चित् और पूर्ण आनन्द रूप हूं—

सोऽहमस्मि, सोऽहमस्मि—अर्थात् मैं वह हूं।

मनुष्य को शिक्षा मिलनी ही चाहिये। आजकल जनतंत्र पर, मानव मात्र की समता पर चर्चा होती है। कोई व्यक्ति कैसे जान सकेगा कि वह सबके समान है। उसके पास एक सबल मस्तिष्क, निरर्थक विचारों से मुक्त निर्मल बुद्धि होनी चाहिये, उसे अपनी बुद्धि पर जमी अन्धविश्वासों की तहों को भेदकर उस विशुद्ध सत्य पर पहुंचना ही चाहिये, जो उसकी अन्तरतम में स्थित आत्मा है। तब उसे ज्ञात होगा कि सारी पूर्णता, सभी शक्तियां, स्वयं उसके भीतर पहले से ही मौजूद हैं, कोई दूसरा उसे प्रदान नहीं कर सकता। यह भलीभांति अनुभव कर लेने पर वह तत्काल मुक्त हो जाता है, समता को प्राप्त कर लेता है। वह भलीभांति यह भी अनुभव कर लेता है कि हर दूसरा व्यक्ति भी उसी के समान पूर्ण है और उसे अपने बन्धु-मानवों पर

किसी तरह के—दैहिक, बौद्धिक या नैतिक—बलप्रयोग की जरूरत नहीं। वह इस विचार को सदा के लिए भुला देता है कि अभी कोई व्यक्ति उससे निम्नतर भी था। केवल तभी वह समता की बात कर सकता है, उसके पूर्व नहीं।

मुक्त बनो

यह अनुभव करना सीखो कि तुम्हीं अन्य सभी लोगों के शरीर में भी विद्यमान हो, यह समझने की चेष्टा करो कि हम सभी एक हैं और सभी व्यर्थ की चीजें त्याग दो। तुमने भला-बुरा जो कुछ भी किया है, उनके विषय में सोचना बिल्कुल बन्द कर दो—उन सबको 'थू'-'थू' करके उड़ा दो। जो कुछ कर चुके, सो कर चुके। अन्धविश्वासों को दूर कर दो। मृत्यु सामने आकर खड़ी हो जाए, तो भी दुर्बलता मत दिखाओ। अनुताप मत करो-पहले जो कुछ तुमने किया है, उसे लेकर माथापच्ची मत करो, इतना ही नहीं, बल्कि तुमने जो कुछ अच्छे काम भी किये हैं, उन्हें भी स्मृति-पथ से दूर हटा दो। आजाद बनो। दुर्बल, कापुरुष और अज्ञ व्यक्ति कभी भी आत्मलाभ नहीं कर सकते। तुम किसी भी कर्म के फल को नष्ट नहीं कर सकते—फल अवश्य ही प्राप्त होगा, अत: साहसी होकर उसके सामने डटे रहो, पर सावधान, दुबारा फिर वैसे कार्य मत करना। अपने अच्छे या बुरे सभी कर्मों का भार उन प्रभु के ऊपर डाल दो। अच्छा अपने लिए रखकर केवल खराब उसके सिर पर मत डालना। जो स्वयं अपनी सहायता नहीं करता, प्रभु भी उसकी सहायता नहीं करते हैं।

अनासक्ति का भाव आ जाने पर तुम्हारे लिये कुछ भी अच्छा या बुरा नहीं रह जाएगा। केवल स्वार्थपरता के कारण ही तुम्हें अच्छाई या बुराई दिख रही है। यह बात समझना बड़ा कठिन है, परन्तु धीरे-धीरे समझ सकोगे कि संसार की कोई भी वस्तु तुम्हारे ऊपर तब तक प्रभाव नहीं डाल सकती, जब तक कि तुम स्वयं ही उसे अपना प्रभाव न डालने दो। जब तक मनुष्य स्वयं किसी शक्ति के वश

में न हो जाए और अपने को गिराकर मूर्ख न बना ले, तब तक उसकी आत्मा के ऊपर किसी का भी प्रभाव नहीं पड़ सकता। अत: अनासक्ति के द्वारा तुम किसी भी प्रकार की शक्ति पर विजय प्राप्त कर सकते हो और उसे अपने ऊपर प्रभाव डालने से रोक सकते हो। यह कह देना बड़ा सरल है कि जब तक तुम किसी चीज को अपने ऊपर प्रभाव न डालने दो, तब तक वह तुम्हारा कुछ नहीं कर सकती, पर जो सचमुच अपने ऊपर किसी का प्रभाव नहीं पड़ने देता और बहिर्जगत के प्रभावों से जो सुखी या दुखी नहीं होता, उसका लक्षण क्या है? लक्षण यह है कि सुख अथवा दु:ख में उस मनुष्य का मन सदा एक-सा रहता है, सभी अवस्थाओं में उसकी मनोदशा समान रहती है।

जब हम समत्व की अद्भुत स्थिति में पहुंच जाएंगे अर्थात साम्य भाव प्राप्त कर लेंगे, तब उन सभी वस्तुओं पर हमें हंसी आयेगी, जिन्हें हम दु:खों तथा बुराइयों का निमित कहते हैं। इसी को वेदान्त में मुक्तिलाभ कहा गया है। इसकी प्राप्ति का लक्षण यह है कि तब इस तरह के एकत्व तथा समत्व-भाव का अधिकाधिक बोध होगा। 'सुख-दु:ख तथा जय-पराजय में सम'-इस प्रकार की मन:स्थिति मुक्तावस्था के निकट है।

जो इच्छा मात्र से अपने मन को केन्द्रों में लगाने या हटा लेने में सफल हो गया है, उसी का प्रत्याहार सिद्ध हुआ है। प्रत्याहार का अर्थ है—'उल्टी ओर आहरण' अर्थात खींचना-मन की बहिर्गति को रोककर, इन्द्रियों की अधीनता से मुक्त करके उसे भीतर की ओर खींचना। इसमें सफल होने पर हम यथार्थ में चरित्रवान होंगे, और केवल तभी समझेंगे कि हम मुक्ति के मार्ग पर काफी दूर तक अग्रसर हो आये हैं। इससे पहले तो हम मशीन मात्र हैं।

ज्ञानी व्यक्ति स्वाधीन होना चाहता है। वह जानता है कि विषय-भोग निस्सार हैं और सुख-दु:खों का कोई अन्त नहीं है। दुनिया के असंख्य धनवान नये सुख ढूंढ़ने में लगे है, पर जो सुख उन्हें मिलते हैं, वे पुराने हो जाते हैं और वे नये सुख की कामना

करते हैं। हम देखते हैं कि नाड़ियों को क्षण भर गुदगुदाने के लिये प्रतिदिन कैसे नये नये मूर्खतापूर्ण आविष्कार किये जा रहे हैं और उसके बाद कैसी 'प्रतिक्रिया' होती है? अधिकांश लोग तो भेड़ों के झुण्ड के समान हैं—यदि पहली गड्ढे में गिरती है, तो पीछे की बाकी सब भेड़ें भी गिरकर अपनी गर्दन तोड़ लेती हैं। इसी तरह समाज का कोई मुखिया जब कोई बात कर बैठता है, तो दूसरे लोग भी बिना सोचे-समझे उसका अनुकरण करने लगते हैं। जब मनुष्य को ये संसारी बातें निस्सार प्रतीत होने लगती हैं, तब वह सोचता है कि उसे प्रकृति के हाथों में इस प्रकार का खिलौना बनकर उसमें बहते नहीं रहना चाहिये। यह तो गुलामी है। यदि कोई दो-चार मीठी बातें सुनाये, तो आदमी मुस्कुराने लगता है और जब कोई कड़ी बात सुना देता है, तो उसके आंसू निकल आते हैं। वह रोटी के एक टुकड़े का, एक सांस भर हवा का दास है, वह कपड़े-लत्ते का, स्वदेश-प्रेम का, अपने देश और अपने नाम-यश का गुलाम है। इस तरह वह चारों ओर से गुलामी के बन्धनों में फंसा है और उसका यथार्थ पुरुषत्व इन बंधनों के कारण उसके अन्दर गड़ा हुआ पड़ा है। जिसे तुम मनुष्य कहते हो, वह तो गुलाम है। जब मनुष्य को अपनी इन सारी गुलामियों का अनुभव होता है, तब उसके मन में स्वतंत्र होने की इच्छा—अदम्य इच्छा उत्पन्न होती है। यदि किसी मनुष्य के सिर पर दहकता हुआ अंगार रख दिया जाए, तो वह मनुष्य उसे दूर फेंकने के लिये कैसा छटपटायेगा! ठीक इसी तरह वह मनुष्य, जिसने सचमुच यह समझ लिया है कि वह प्रकृति का गुलाम है, स्वतंत्रता पाने के लिये छटपटाता है।

पहले मुक्त बनो और तब चाहे जितने व्यक्तित्व रखो। तब हम लोग रंगमंच पर उस अभिनेता के समान अभिनय करेंगे, जो भिखारी का अभिनय करता है। उसकी तुलना गलियों में भटकने वाले वास्तविक भिखारी से करो। यद्यपि दोनों अवस्थाओं में दृश्य एक ही हैं, वर्णन भी शायद एक-सा है, पर दोनों में कितना भेद हैं! एक व्यक्ति

भिक्षुक का अभिनय करके आनन्द ले रहा है और दूसरा सचमुच दु:ख-कष्ट से पीड़ित है। ऐसा भेद क्यों होता है? इसलिए कि एक मुक्त है और दूसरा बद्ध। अभिनेता जानता है कि उसका यह भीखारीपन सत्य नहीं है, उसने यह केवल अभिनय के लिये स्वीकार किया है, परन्तु यथार्थ भिक्षुक जानता है कि यह उसकी चिर-परिचित अवस्था है और उसकी इच्छा हो या न हो, वह कष्ट उसे सहना ही पड़ेगा। उसके लिये यह अभेद्य नियम के समान है और इसीलिए उसे कष्ट उठाना पड़ता है। हम जब तक अपने स्वरूप का ज्ञान प्राप्त नहीं कर लेते, तब तक हम केवल भिक्षुक हैं, प्रकृति के अन्तर्गत प्रत्येक वस्तु ने ही हमें दास बना रखा है। हम सम्पूर्ण जगत् में सहायता के लिये चीत्कार करते फिरते हैं—अन्त में काल्पनिक सत्ताओं से भी हम सहायता मांगते हैं, पर सहायता कभी नहीं मिलती, तो भी हम सोचते हैं कि इस बार सहायता मिलेगी। इस प्रकार हम सर्वदा आशा लगाये बैठे रहते हैं। बस, इसी बीच एक जीवन रोते-कलपते आशा की लौ लगाये बीत जाता है और फिर वही खेल चलने लगता है।

बढ़े चलो

अब यदि तुममें से कोई सचमुच ही इस विज्ञान का अध्ययन करना चाहता है, तो जिस दृढ़ निश्चय के साथ वह जीवन का कोई व्यवसाय शुरू करता है, वैसा ही या बल्कि उससे भी बढ़कर निश्चय के साथ इसे आरम्भ करना होगा।

व्यवसाय के लिये कितने मनोयोग की जरूरत होती है और वह व्यवसाय हमसे कितने कड़े श्रम की मांग करता है। यदि बाप, मां, स्त्री या बच्चा भी मर जाए, तो भी व्यवसाय रुकने का नहीं। चाहे हमारे हृदय के टुकड़े-टुकड़े हो रहे हों, चाहे व्यवसाय का हर घण्टा हमारे लिये पीड़ादायी ही क्यों न हो, फिर भी हमें व्यवसाय के जगह पर जाना ही होगा। यह है व्यवसाय और हम समझते हैं कि यह ठीक ही है और इसमें कुछ भी अनुचित नहीं है।

यह विज्ञान किसी भी अन्य व्यवसाय की अपेक्षा अधिक लगन की अपेक्षा रखता है। व्यवसाय में तो अनेक लोग सफलता प्राप्त कर लेते हैं, परन्तु इस मार्ग में बहुत ही थोड़े, क्योंकि यहां पर मुख्यतः साधक के मानसिक गठन पर ही सब कुछ अवलम्बित रहता है। जिस प्रकार व्यवसायी, चाहे धनवान बन सके या न बन सके, कुछ कमाई तो अवश्य कर लेता है, उसी प्रकार इस विज्ञान के प्रत्येक साधक को कुछ ऐसी झलक अवश्य मिलती है, जिससे उसे विश्वास हो जाता है कि ये बातें सच हैं और ऐसे मनुष्य हो गये हैं, जिन्होंने इन सबका पूर्ण अनुभव कर लिया था।

अत्यन्त छोटा कर्म भी यदि अच्छे भाव के साथ किया जाए, तो उससे अद्भुत फल की प्राप्ति होती है। अतएव जो जहां तक अच्छे भाव से कर्म कर सके, वह करे। मछुआ यदि अपने को आत्मा समझकर चिन्तन करे, तो वह एक अच्छा मछुआ होगा। विद्यार्थी यदि अपने को आत्मा विचारे, तो वह एक श्रेष्ठ विद्यार्थी होगा। वकील यदि अपने को आत्मा समझे, तो वह एक अच्छा वकील होगा।

एक वीर की भांति आगे बढ़ जाओ। बाधाओं की परवाह मत करो। यह देह भला कितने दिनों के लिए है? ये सुख-दुःख भला कितने दिनों के लिए है? जब मानव-शरीर प्राप्त हुआ है, तो भीतर की आत्मा को जगाकर कहो—मुझे अभय प्राप्त हो गया है।...उसके बाद जब तक यह शरीर रहे, तब तक दूसरों को निर्भयता की यह वाणी सुनाओ—*'तत्त्वमसि', 'उत्तिष्ठत जाग्रत प्राप्य वरान् निबोधत'* 'तुम वही ब्रह्म हो', 'उठो, जागो और लक्ष्य को प्राप्त किये बिना रुको मत'।

❏ ❏ ❏

Made in United States
Orlando, FL
02 July 2024

48546584R10036